ディテール
創刊50周年記念特集
再録

日本の建築ディテール

1964
↓
2014

半世紀の流れのなかで
選び抜かれた作品群

彰国社編

『ディテール』誌の200冊が記録してきたもの

―― まえがきに代えて

1964（昭和39）年7月、東京オリンピック開催前夜、いわゆる“黄金の60年代”のさなかに、『季刊 ディテール』は誕生いたしました。それはまさに、新技術・新建材の相次ぐ登場が豊かな建築造形への夢を呼び覚まし、また一方では建築生産の近代化を志向する建築図面の標準化・合理化、あるいは設計組織内における専門分業化等が推進され始めた時代でもありました。そのような背景のなかで、建築ディテールのあり方を問い、そのことを通して建築そのもののあり方を考究すべく、ディテール専門誌としての第一歩を印して半世紀、建築はいよいよ多様・多彩な展開を遂げてまいりました。

しかしその華やぎの一方で、社会的には経済成長に支えられながらも、ひずみや諸矛盾もまた、さまざまに露呈しつつありました。ここにきて東日本大震災や原子力発電所の災禍などとなって象徴的に現出してきているようにも思われてなりません。今日において建築は、その総体を見えにくいものとし、ともすればその本質を見失われがちではないかと思われます。そして、このような時代こそ、ますます部分から総体へと、ディテールを通した問い直しの作業が、その全貌を語るうえでもより大切なことと思います。

そのような思いから『ディテール』誌が記録してきた50年にわたるわが国の建築ディテールの足跡を現在の視点で捉え直したものが、『ディテール』創刊200号における二つの特集でした。メイン特集では「ディテールを決めるもの」と題して、独創性・革新性、外装進化、素材、環境の面からこの半世紀を総括しています。そして時代を画した12の著名な住宅を取り上げた「住宅ディテールの半世紀」は、今日に受け継がれてきた住宅ディテールの大きな流れのなかで評価された珠玉の作品群の紹介です。

本書は、この『ディテール』200号の二つの特集にお寄せいただいたご高評にお応えして再録したものです。併せて、本誌の創刊から50余年間にわたって編集委員としてご尽力いただいております内田祥哉先生による200号記念巻頭言も収録いたしました。この本が皆さまの今後の活動に活用され、建築界の発展に寄与することを願っています。

2016年3月　株式会社 彰国社

CONTENTS

1 『ディテール』誌の200冊が記録してきたもの —まえがきに代えて

7 ディテール200号に寄せて　内田祥哉

11 日本のディテール 1964 2014

13 写真が捉えたディテール

29 ディテールを決めるもの「今日のディテール」50年を振り返って

編集 内田祥哉／棚橋廣夫／押野見邦英／深尾精一／
委員 松家 克／八木幸二／中山 章／淺石 優／山梨知彦

1. ディテールの独創性・革新性とは何か　30

2. 外装進化の先駆けとなったもの　43

3. 素材へのチャレンジ　54

4. 環境とサスティナブルの時代へ　65

77　住宅ディテールの半世紀

呉羽の舎 | 白井晟一 | 1965　　78

池田山の家 | 吉村順三 | 1965　　82

白の家 | 篠原一男 | 1966　　86

猪股邸 | 吉田五十八 | 1967　　90

続 私の家 | 清家清 | 1970　　94

目神山の家 1「回帰草庵」 | 石井修 | 1976　　96

住吉の長屋 | 安藤忠雄 | 1976　　99

私たちの家 | 林昌二・林雅子 | 1978　　104

横尾ボックス | 宮脇檀 | 1979　　108

シルバーハット | 伊東豊雄 | 1984　　110

House SA | 坂本一成 | 1999　　112

梅林の家 | 妹島和世 | 2003　　115

カバー・表紙使用図版：
白の家　提供／篠原一男住宅図面編集委員会
シルバーハット　提供／伊東豊雄建築設計事務所
目神山の家1「回帰草庵」　提供／美建設計事務所
住吉の長屋　提供／安藤忠雄建築研究所

目次使用図版：
住吉の長屋　提供／安藤忠雄建築研究所

書式設計・扉デザイン：吉岡秀典（セプテンバーカウボーイ）
カバー・表紙・目次デザイン：塩谷嘉章（Dessin Sel）

創刊200号記念巻頭言

ディテール200号に寄せて　内田祥哉

本誌も200号を迎え創刊以来半世紀を経た。前半100号までは，1964年から1989年まで，後半200号までは2014年までだから，その間の日本社会の情勢には，大きな違いがある。前半の経済は，言うまでもなく上り坂，後半は明らかに下り坂である。前半は，人口の増加，景気の上昇に支えられ，目まぐるしいほどの勢いで技術開発が積み上げられてきた。後半は，華々しい技術開発は影を潜め，人口は徐々に減少し，ついには景気の後退に巻き込まれて，建設量は目に見えて減った。

後半の状況のなかでは，ゼネコンは現場スタッフの数を減らし，工事を下請けの専門組織に任せることが多くなり，結果的に技術が専門業者に移転し始めた。それはすでに前半の終わりから見えていたが，後半はそれが急速に進行し，元請けの空洞化が決定的になった。

最近，技術移転が急激に進んだ工事の一つが仮設である。かつて，仮設こそが現場主任の腕の振るいどころであったはずであるが，今は，仮設材のリース化とともに仮設技術もリース化し，複雑な仮設工事は元請け技術者にとってブラックボックスとなったようだ。

躯体の現寸図についても，かつてのように現場のスタッフが描くことは少なく，それぞれの工事業別に描かれることが多い。専門業種のない部分のディテールは，下請けとなった建築事務所の手に任せるようになった。ゼネコンから見れば人件費の節約である反面，専門工事相互の整合性の調整に時間を費やすとも言われるようになった。力のある大きな事務所の場合は，ゼネコンのスタッフを差し置いて，直接製作者たちの調整に手を貸すことが多いと言われるようにもなった。

他方，下請けの専門業者たちは，工事で得た情報を糧に，独自の製品を市販する機会が得られた。100号までの期間に，すでに専門業者が確立していた代表的部位はカーテンウォールであるが，金属カーテンウォールの分野では，「パレスサイド・ビルディング」（日建設計工務，1966年）以来，価格の高騰が沈静化し，RCパネルを含めて，サッシュレスのものの開発が目立つようになった。その一つにドットポイント等によるガラスの支持方法の開発がある。早くは本誌でも「武蔵学園科学情報センター」（内田祥哉＋集工舎＋深尾精一，1988年）を紹介しているが，「日本長期信用銀行本店ビル」（日建設計，1993年）以来，多くの建物に見られるようになった。

この時期カーテンウォールに関する技術として定着したのは，オープンジョイントである。遡れば「住友商事ビル」（大林組，1966年）や「アルコア本社ビル」（ハリソン＆アブラモビッツ，ピッツバーグ，1952年）に至るが，RCパネルによる「新宿センタービル」（大成建設，1979年）のカーテンウォールは，この時代を牽引した代表的例である。

カーテンウォールについて，もう一つ注目を集めるようになった技術にダブルスキンがある。メンテナンス，断熱，環流など，その使われ方は様々であるが，最近は多くのビルに応用されている。決定版というものはなく，発展途上と言うべきであろう。

後半の100号から200号の間に進出した部位・部材として広く一般化したのは，オフィスビルの床下地である。初めは，IBMのシステムを参照して，床下高さ30cmと言われていたが，その後メーカーの開発競争によるコンパクト化，コストダウン化が進み，今では5cm程度でも済むようになり，コストも木造でつくるより安く，住宅にも使われる状況になっている。

次に取り上げるべき部品は，設備機器類のユニット化で，風呂，洗面，台所など，よほどの大邸宅でもない限り，また，よほどの予算がない限り，図面を起こして設計するより，メーカーの部品を買うほうが良いものが得られる時代になった。

この四半世紀，設計方法が大きく変わったのが階段である。100号のころまでは，階段の設計はほとんど設計者の仕事であった。しかしその後は，まず一般の鉄骨階段にメーカーの既製品が使われるようになり始めた。それが

次第に一品生産の階段にも及ぶようになり，ついに最近の難しい階段はほとんどが専門工事会社の設計施工になった。一品生産の特殊な階段は，試作，実験を必要とするから，予算に余裕がなければできない。そこで多くの製品でノウハウを蓄えたメーカーほど，その予算を有効に使うことができるのである。

以上は，専門業者への技術移転が促進された例であるが，それらとは逆に，今でも専門業が育たない部位もある。天井を見ると天井板のメーカーは多いが，その取付け技術まで一体化した専門業は少ない。その理由は，天井の中は工事が錯綜していて，図面通りにつくれる期待がない。空調のダクト，照明器具，配線，警報類が無秩序な設計手順で入り込む。そのうえ設備の分離発注などの事情が加わると，工事の実体は実際に現場が始まらないと把握できない。それでは既製品を持ち込んでも，その現場合わせの修正に手間が掛かる。「天井工事」は「雑工事」とでも言ったほうがいいかもしれない。「雑工事」のための専門職というのは，ある意味で何もかも処理できるベテランの仕事である。「天井はつくらなければ落ちない」（清家剛，東京大学准教授）という発言は見事である。事実，最近は天井をつくらない工夫が見え始めていて，本誌にも「鹿島技術研究所 本館研究棟」（KAJIMA DESIGN，2008年）〈1〉や「M's CORE」（棚橋廣夫＋エーディーネットワーク建築研究所，2012年）〈2〉といった例が紹介されている。現在は少数派であるが，設備機器類の寿命の短さから言っても，「雑工事の排除」という大義名分から言っても，将来は多数派になる可能性は高い。

このほか，部位・部品として取り上げにくいものがある。そこで，それらを，素材別に取り上げることにしたい。素材としてこの四半世紀に話題となったものに竹がある。東南アジアの各地では竹は構造材，仮設材としてよく使われているが，日本では工学的仕様が難しいとして，実用化されていなかった。今回実用化したのは，東日本大震災の被災地の応急仮設としてであったが，気仙沼の平磯虎舞のための「竹の会所－復興の方舟－」（陶器浩一＋滋賀県立大学陶器浩一研究室＋髙橋工業，2012年）〈3〉は，基準法の届け出も済ませ，れっきとした建築構造物である。

次に素材とは言えないが，膜構造に使われる膜材もこの時代に実用化がはっきりした建材であろう。よく知られているように大阪万博で初めて登場したが，「アメリカ館」（設計：Davis, Brody & Associates.，設計協力：大林組，1970年）などで実用が確かめられた日本の技術が，米国の西海岸で幾つかの建物に実現し，それらの経験を踏まえて「東京ドーム」（日建設計・竹中工務店，1987年）に再現された。その後，躍進的発展はないようだが，いつでも使える安定した技術として定着した。

100号以後に初めて建築界に参入した新建材としては，まずチタンを挙げなければならない。チタンのような貴金属が建築界に参入することは，これまで考えられなかったが，薄板に加工できることになり，実用化の可能性が見えるようになった。貴金属であることから，その抜群の耐久性が買われて，修理が難しい原子炉内部の防水層として利用されたが，ほとんど同時

（撮影：棚橋亮）

に，渋谷の「東京電力エネルギー館」（第一工房，1984年）〈4〉などの現存の建築物でも利用された。貴金属らしく色にも気品があり，予算が許せば使いたいという建築家の需要を揺さぶった。その後，単価のある社寺建築などに利用されるが，多彩な色が表現できることもわかり，装飾として利用されるようにもなった（首都大学東京旧人文学部アトリウムの金属繊維タペストリー）。しかし，屋根材としては，従来のステンレスよりさらに硬いため，現場の手細工には難しい点が多い。今では機械加工によるプレハブ化された部品も開発が進み，コストに応じた社会需要も安定したと言えよう。

チタンの先を歩いていたのはステンレスであるが，これもほとんど同じ時期に薄板の大量生産が可能になり，従来の常識を破るコストダウンが可能になった。ステンレスはチタンほどではないが，銅より加工が難しいので，現場の手加工には向かない。しかし，現場用の自動溶接機が開発され，内側に閉じ込められた空気の逃がし方などのノウハウが蓄積されて，屋根防水の一分野を形成するようになった。言うまでもないが，チタン同様工場加工によるパネル化も進み，ステンレス屋根は，銅と並ぶ屋根材を提供するようになった。耐久性を買われてプール，水槽にも使われるようになった。

屋根材として長い歴史をもつ銅は，今でも高級屋根としての品格と地位を守ってはいる。だが，この時代には，屋根材としての耐久性が問われた。もともと江戸時代の銅は，通貨，容器などのための銅であったようだが，それが次第に電線のための銅に変わり，大量生産の対象が，限りなく電気抵抗の少ないものになったことと，日本の都市の空気汚染の進行から，緑青が思わしく発色しないという評判が起きた。それが耐久性に対する信用を失う結果となった。最近は，都市の空気の清浄化が進んだせいか，かつてのような批判は減ったように思う。ステンレスの色より，また，チタンの高価さよりは，やはり緑青の色に魅力を感じる人は多く，銅屋根にはそれなりの需要が期待されている。

屋根という部位については，この四半世紀に急激に部品化が進んだ。かつて屋根といえば，スレートや金属の波形材が大型部品の代表であったが，昨今では，柿型，桟瓦，本瓦と自在な瓦型が部品化され，現場施工の能率を上げている。それらの中には，施工効率だけでなく，防水上も優れ，「京都迎賓館」（日建設計，2005年）の屋根葺きのように，造形的にも鑑賞に堪えるものができるようになった。

建築に使われる金属材といえば鉄，鋼を避けて話は進められない。しかし，100号までは新技術は専ら輸入であった。その中でコルテン鋼は新素材として注目されたが，これは，日本の気候条件のなかで厳しい試練を受け，期待されたほどには発展しなかった。

鋼については，熱間押出し形材の登場が印象的だった。熱間押出し形鋼は第2次世界大戦前から古典的サッシュなどに使われていたが，板曲げ形材ができ，アルミニウム押出し形材ができてからは，すっかり姿を消していた。しかし，曲げ形材や，アルミの押出し形材に比べ遙かに耐久性があり，建築家にとっては魅力的な材料だったが，何しろ生産中止と言われて永く，鋼をつくる大企業に，生産開始が期待できるようなものではないと，誰もが信じ

ていた。それが突然「倫理研究所冨士高原研修所」（内藤廣建築設計事務所，2002年）〈5〉で現実に現れたから専門家たちは驚いた。聞くところによると押出しのときの潤滑材にガラスを使うとかいうので，生産規模は非常に小さく，1ロット数トンでよいという話であり，以前のサッシに使われていた押出し形材の製法とは違うようだ。

鋼材に関しては，最近鋼板を使った壁構造ができるようになった。これまで建築の鋼構造は，ほとんどが橋梁工事関係者に委ねていたが「せんだいメディアテーク」（伊東豊雄建築設計事務所，2000年）〈6〉以来，小回りの利く造船技術（鉄骨工事／髙橋工業）が参入したためである。

最後に，木材と木構造について触れると，これこそ，この四半世紀と前の四半世紀とでは，裏と表ほどの違いがある。前半は，豊富にあった日本の森林資源が枯渇に至る過程であり，世論は木造を禁止して，すべての建築をRCにしたいと決議する時代であったのに対し，後半は，木材資源が復元し始め，森林資源活用のために世論が木造推進を叫ぶ時代である。前半はすべての建築技術が目覚ましく開花したのに対して，木造は伝統的技術さえ支えきれそうもなかった時代であったが，後半は，近代建築の分野でも，また伝統建築の分野でも，新しい現代木造技術の成果が実り，他の構造分野の開発をしのぐ勢いをもち始めた時代である。

5

以上を概観して，今回の200号編集委員会では，100号から200号への時代を「ガラパゴス化の時代」だという発言があった。ガラパゴス化というのは「天敵のいない世界」という意味であるが，実は二つの意味がありそうだ。弱いものが，強い天敵がいないから生き延びているという意味と，絶対的強さを背景に，天敵がいなくなったという意味の二つである。

日本の建築界はいずれであろうか？

6

創刊50周年記念特集

※建物名，設計者名は，本誌掲載時のままとした。

日本のディテール

1964
2014

東京オリンピックの開催を目前に控えて沸き立つ1964年夏に創刊した『ディテール』も，200号を迎えました。これを記念し，本誌が歩みを共にしてきた1964年から2014年にわたる50年のわが国の「ディテール」の足跡を，現在の視点で捉え直してみようというのが，この特集号のモチーフになっています。

奇しくも昨年，2020年のオリンピックを再度東京で開催することが決定し，これを今一度この50年を問い直す契機と考えました。これまでの技術的営為の蓄積を，200号を機会に再度考え，われわれの立つ足元を見直すことで，これからの時代へと歩み続けるための足掛かりを探っていきます。（編集部）

写真が
捉えた
ディテール

「国立屋内総合競技場」丹下健三＋都市・建築設計研究所　1964年　3号（撮影：村井修）

日生劇場」村・建築事務所 1963年

「東京カテドラル聖マリア大聖堂」丹下健三＋都市・建築設計研究所　1964年　5号（撮影・彰国社写真部）

国立京都国際会館 | 大谷幸夫 | 1966年10号

「電通本社ビル」丹下健三+都市・建築設計研究所 1967年 15号〔撮影・彰国社写真部〕

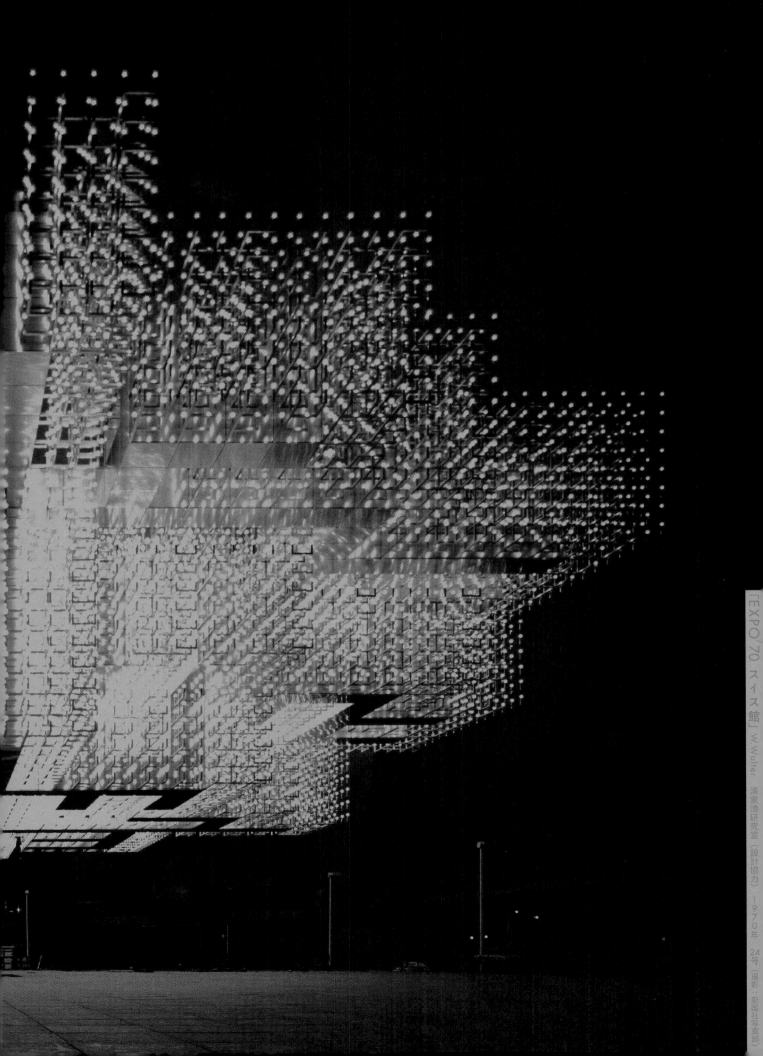

「EXPO'70 スイス館」W.Walter 清家清研究室（設計協力） 1970年 24号

「身延山久遠寺宝蔵」内井昭蔵建築設計事務所 1976年 50号 撮影 村井修

「サンシャイン60」三菱地所　1978年　57号　撮影：彰国社写真部

「藤沢市秋葉台文化体育館」槇文彦＋槇総合計画事務所 1984年 83号 (撮影：彰国社写真部)

［広島MIDビル］出江寛建築事務所　村田相互設計事務所　1987年　93号　（撮影：村井修）

永井美術館／山梨知彦＋中本太郎＋鈴木隆＋矢野雅規／日建設計　2010年11・8号掲載

「東京スカイツリー」日建設計 2012年 194号(撮影・畑拓)

ディテールを
決めるもの

「今日のディテール」
50年を振り返って

編集委員

内田祥哉

棚橋廣夫

押野見邦英

深尾精一

松家 克

八木幸二

中山 章

淺石 優

山梨知彦

50年間の『ディテール』を語るうえで，創刊以来継続している「今日のディテール」は欠かせないコーナーである。当欄では新しい技術と表現を中心に，これまで約2,000にわたるディテールを紹介してきた。この膨大なアーカイブを大きく四つにカテゴライズし，改めてその変遷と価値を振り返りながら，これからの可能性について9名の編集委員に語っていただいた。

ディテールを
決めるもの

1

ディテールの独創性・革新性とは何か

内田祥哉 × 棚橋廣夫 × 押野見邦英 ×
深尾精一 × 中山 章

1960年代〜70年代に
見られたクラフツマンシップ

棚橋 この座談会は、「今日のディテール」に掲載された建築を現在の視点から振り返って、今なお価値があり輝き続けているものを取り上げるという企画です。そのディテールがもつ独創性や革新性こそが価値を継続させているものであると思います。

　まずはじめに取り上げたいのは「パレスサイド・ビルディング」（日建設計工務, 1966年, 11号）です。このカーテンウォールは既製サッシュを使わずにガラスを直にガスケット留めし、キャストアルミのルーバーとその支持をも兼ねた竪樋の組合せでつくられています。

内田 当時は，カーテンウォールの設計価格が全体の建築費の30％程度を占めていましたが，メーカー同士の競争が激しくてゼネコンに叩かれていた。そこでカーテンウォールメーカーは叩かれ分を価格に上乗せして設計価格をどんどん上げていた。その結果，ゼネコンと設計事務所の見積もり価格の差が大きくなっていました。

　そういう状況があったため，設計事務所としてはサッシュを使わないやり方を考えなければならなくなったのです。このディテールは，そういう発想から生まれたわけです。

棚橋 ちょうどその頃，オフィスに空調設備が完備され，窓を開閉する必要がなくなったという時代背景もありますね。

押野見 私自身のことになりますが，建設会社の設計部に就職し，その本社ビルの設計チームに加わった際に，設計者の林昌二さんご本人に直接「パレスサイド」を案内していただいた記憶があります。そのときに，このカーテンウォールのように機能と一体になったものを建築家が新たにつくらなければいけないのだということを，実物を前にして教えていただいたという感慨があります。そういった全体の考え方がにじみ出ていますよね。

棚橋 アルミサッシュを使わない分，いろいろな仕掛けでファサードをつくることに予算を配分することができた。そしてそのメンテナンス性能のおかげで今の時代においても生きている。

押野見 ええ。ちなみにガラスの大きさは，当時得られるものの中で縦方向が最大のものを選ばれたそうです。あれほど大きなガラスを使うに当たっては強度についてもよほど確証がなけれ

パレスサイド・ビルディング
日建設計工務

設計／日建設計工務　施工／共同企業体（大林組・竹中工務店）
竣工／1966年　所在／東京都千代田区　撮影／彰国社写真部

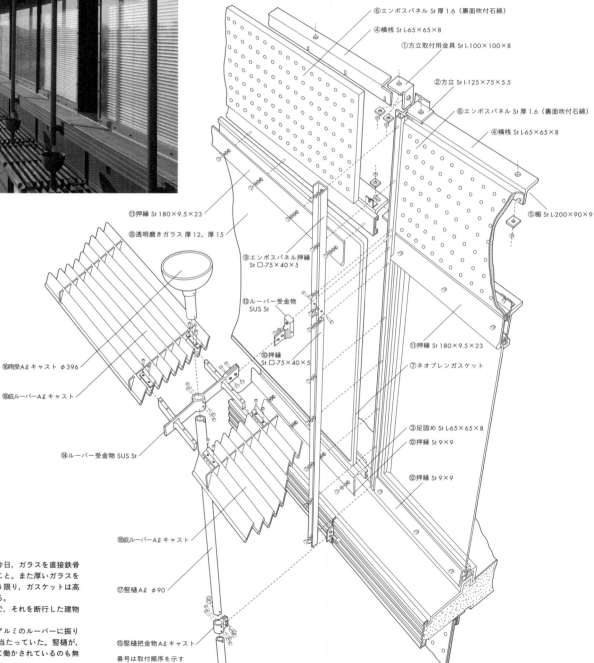

ガスケットの出回っている今日，ガラスを直接鉄骨に留めるのはいとも簡単なこと。また厚いガラスを強度いっぱいの大きさに使う限り，ガスケットは高価なものではないはずである。
だが，大きなオフィスビルで，それを断行した建物はなかった。
サッシュを節約した分が，アルミのルーバーに振り向けられていると見たのは当たっていた。竪樋が，ルーバーを留める方立として働かされているのも無駄がない。

佐賀県立青年の家
内田祥哉・第一工房

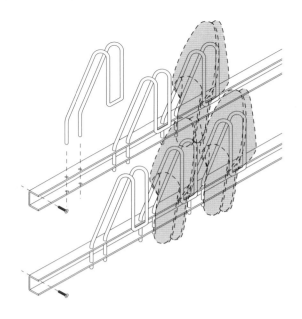

〈1〉
（撮影：彰国社写真部）

ば，ためらいもあったと思いますよ。
　ですからこのディテールには，とても大胆なところと緻密なところがあると言えますね。
棚橋　一方で，建築を使う上で欠かせない付属物があって，そこまで気を配った建築はなかなか見かけない。多くは使用者側に任せられていて，場合によってはその建築がもつ本来の雰囲気が壊されてしまう場合も多いかと思います。

　最近流行語にもなりましたが「おもてなし」，つまりつくり手の心遣いが暗黙のうちに伝わると，使用者側が感激するという伝統が日本にはあります。内田先生が考えられた「佐賀県立青年の家」（内田祥哉・第一工房，1967年，16号）〈1〉のスリッパ掛けは，小さなディテールではありますが，そういった心遣いや気配りの精神が込められているなと思いました。
押野見　きわめて合理的なつくり方

で，やはりこの時代のものは，既製品がないから自分でつくるという精神を建築家がもっていましたよね。
内田　これを真似してくれた人はまだ聞いていませんが（笑）。今もそのまま使われています。
棚橋　材料の特性や使い方もよく心得られているディテールですね。
　「九重坂の家」（清家清，1967年，19号）〈2〉では車の出入りがあるため「斜めの門扉」がつくられています。

九重坂の家
清家清

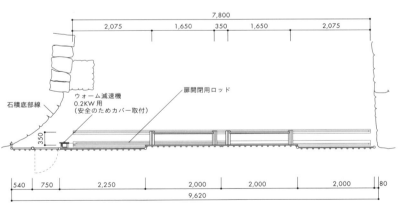

〈2〉　平面　1／100

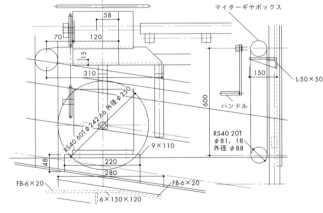

門扉駆動装置　1／10，1／20

立　面　1／100

D200　33

所沢聖地霊園　礼拝堂
早稲田大学池原研究室

約2.5mを一辺とするガラスの立方体を屋根の上に高々と掲げて，そのガラス箱を通して光を導き入れ，さらに夜間の照明源をその中に仕組んでおくという念の入ったもの。当然のことながら，建物とボックス，およびボックス自体と外気との間に数種の雨仕舞の処理が要求され，さらに照明の点検やガラスの掃除などのために，ボックスに扉が必要となっている。
高い内壁に沿って大胆なキャットウォークがついており，このガラス箱に入るようになっているのが，また効果的なデザインである。

所沢聖地霊園　礼拝堂　設計／早稲田大学池原研究室
施工／竹中工務店　竣工／1973年　所在／埼玉県所沢市
撮影／彰国社写真部

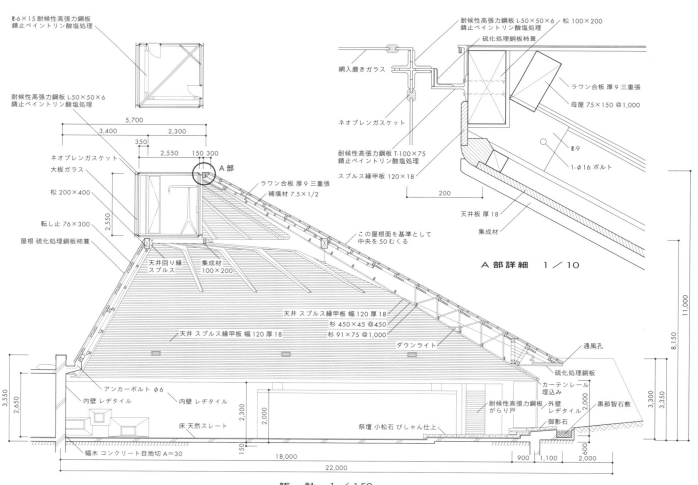

矩計　1／150

身延山久遠寺宝蔵
内井昭蔵建築設計事務所

〈3〉　（撮影：村井修）

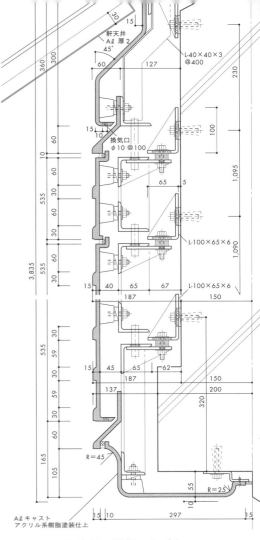

外壁断面詳細　1／8

押野見　ハンドルとドラムとワイヤーで，まるでケーブルカーのように戸が自然に動いて，なるほどなぁと思いますね。

棚橋　この門扉の開け閉めは簡単そうに見えて簡単ではない。考え方としては難しいですよね。

深尾　おそらくお父さまの影響もあって，こういうものを考えることができたのではないでしょうか。清家さんのお父さまはエンジニアで，東京都立大学の初代工学部長を務められた方ですから。

棚橋　メカ好きな清家さんの特色がこのディテールから見えてきますね。

押野見　自分で一工夫加えようという痕跡が「所沢聖地霊園 礼拝堂」（早稲田大学池原研究室，1973年，39号）のトップライトにも見てとれます。

内田　既製品のライトを使って，既製品ではない建築に仕上げていますね。

押野見　天井に取り付けた集成材が二股に分かれて，一方の先端がトップライトのガラスボックスを受けている部材とつながっている。二股に分かれるところにつけているカーブが，実物を見たときにいいなぁと思いました。

内田　池原先生は何期にもわたって聖地霊園に関わられておられますが，この礼拝堂が原点ではないかと思う。

棚橋　「水無瀬の町家」（坂本一成，1970年，29号）〈4〉もクラフツマンシップにあふれています。階段はチェッカープレートと鉄筋だけで，踏面をメンバーに使った立体トラスでつくっている。「やられた！」と思いましたよ。こんなに単純明快なものが当時はなくて，以後のプロトタイプになった。

深尾　たしかに振り返ってみると，坂本さんは，それまでありそうでなかった階段のディテールを考えるのが早い。まさにプロトタイプですよね。

内田　こぢんまりしているけれど，「身延山久遠寺宝蔵」（内井昭蔵建築設計事

〈4〉「水無瀬の町家」坂本一成　1970年
（撮影／彰国社写真部）

D200　35

新宿センタービル
大成建設

設計・施工／大成建設　竣工／1979年
所在／東京都新宿区　撮影／彰国社写真部

この例はPCカーテンウォールのジョイント開発に等圧理論を適用したものである。等圧ジョイントは気密用シールに多少の間隙が発生しても等圧状況は変わらないという特性が実験的にも確かめられていて，性能の長期にわたる保持という観点からきわめて注目に値するものである。彫りの深い壁面やコーナー部の取扱いなども，この地区の高層ビルの中で巧みなものの一つである。

基準階矩計　1／60

基準階平面　1／60

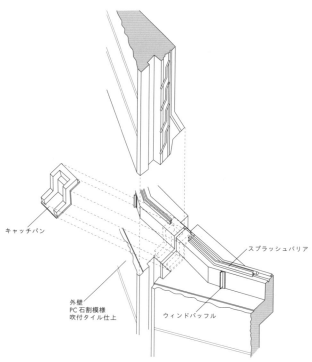

目地部品取付け前

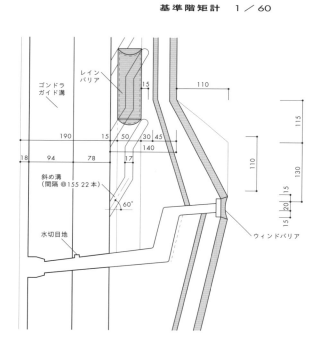

目地交差部詳細　1／8

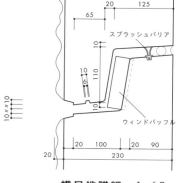

横目地詳細　1／8

有楽町センタービル
竹中工務店

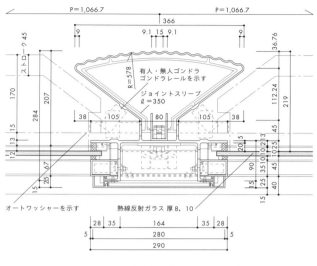

マリオン一般開口部平面 1/8

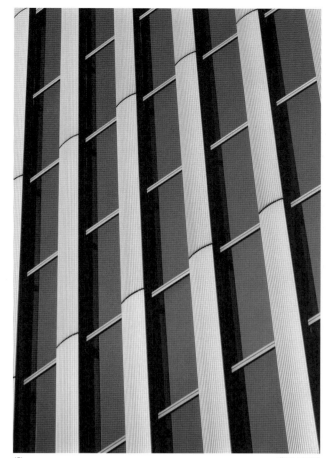

〈5〉　　　　　　　　　　　　　　　　　　　　　（撮影：畑 拓）

務所，1976年，50号）〈3〉は内井さんの最傑作と言っても過言ではないですよ。彼が得意とする出目地の表現を使ったキャストアルミのパネルの鋳型を，僕も使わせてもらいました。

棚橋　京都の鋳物屋さんでキャストアルミをつくっていますが，出目地がテクスチャーをつくり，余韻を生み出していると言いますか。実は僕もこのあとに池田山の住宅でこの外壁をやらせてもらいました。

押野見　外壁はもちろん，置き屋根風の屋根などすべてがデザインと合っている。納まりも含めて傑作だと思います。

棚橋　ちなみにこの外壁は薄墨色をしていますが，松を焚いて松煙で色付けをしている。元々はお寺の鐘や仏具に行う方法なので，だからここでもそれができた。

内田　なるほど。

技術開発に伴う
ディテールの進化

編集部　1970年代後半からは技術開発も進んでいき，特にオフィスビルや複合用途の商業ビルにはその発展が見てとれると思いますが，その顕著な例としてどんなものがありますか。

内田　「新宿センタービル」（大成建設，1979年，60号）は，これこそ決定版という当時の意気込みが感じられますね。RCのカーテンウォールの完成形だと思います。

押野見　出窓風のところは弱点になりがちなのですが，それを一体のPCでやったことは新しい。隣に建つ新宿三井ビルとは違う表情をもたせるために，力をより一層注いだのではないでしょうか。

深尾　いろいろなことが総合的に組み込まれていて，ゼネコンの設計・施工ならではのディテールだと私は思いま

す。このカーテンウォールは上が完全固定で，下はスライドできる。PCを上から吊って持ち出すと重力で斜めになろうとする。ところが，このカーテンウォールでは，重心の内側になる部分が梁よりも下に入っているから，バランスがとれている。それでこのデザインになっているのだと思います。

それと，高層のテナントビルだから本物の石は張れないけれど，代わりに住宅分野で開発した石に見える型枠を使っています。そういう工夫は，ゼネコンだからこそのコストパフォーマンスを考えた発想ですよ。

押野見　当時最大級のワンピース押出し形材を使った「有楽町センタービル」（竹中工務店，1984年，83号）〈5〉は，この独特な断面形状のマリオンが特徴ですね。

内田　断面で見ると，扇子が開いたような形が面白いね。

押野見　扇子の首のような部分は細い

D200　37

日本長期信用銀行本店ビル
日建設計

設計／日建設計　施工／竹中工務店
竣工／1993年　所在／東京都千代田区
撮影／彰国社写真部

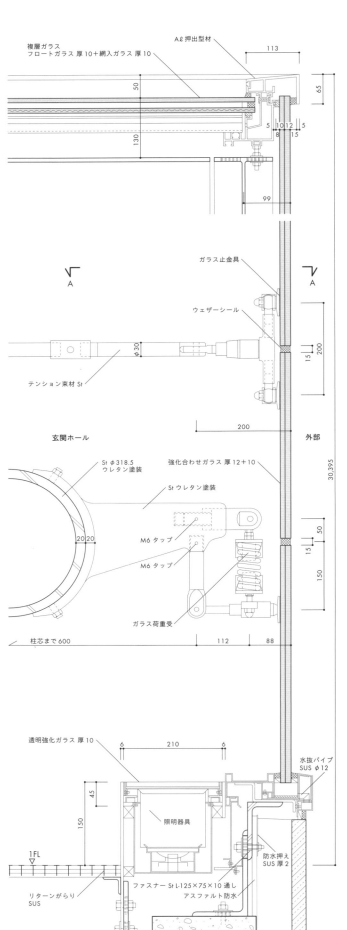

玄関ホール吹抜断面詳細　1／8

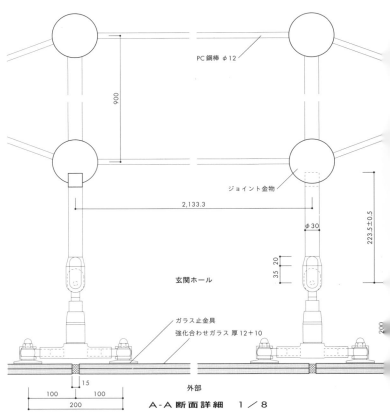

A-A断面詳細　1／8

透明なキューブはわが国では初めてのDPG（ドットポイント・グレージング）工法を本格的に採用した壮大なガラスアトリウムで，6m角の構造グリッドにPC鋼棒のテンションロッドを介して2m角のガラスが空中に浮かぶがごとく支持されている。半透明キューブは同じDPG工法でもピーター・ライスの方式とは違うヨーロッパを中心に普及したピルキントンのプレイナーシステムが使われている。

時事通信ビル
KAJIMA DESIGN

〈6〉　　　　　　　　（撮影：畑 拓）

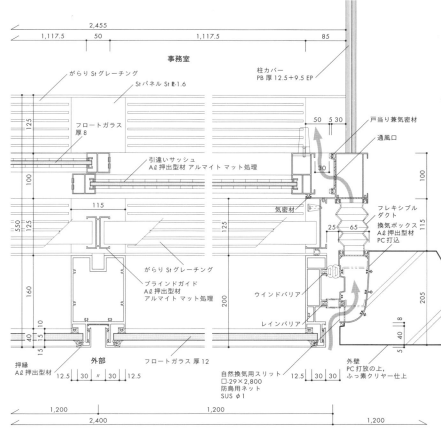

平断面詳細　1/8

ため押出しの精度管理が難しい。そういうことをクリアしていった苦労も感じとれますし，曲面の平面形だからこそこういった形のマリオンが功を奏している。

それと，このビルは複合用途なので，統一した表情にまとめる役割をマリオンにもたせたのは上手なやり方だと思います。一つの方向性を示しましたね。

棚橋　日本最大の押出し形材を使ったことを鼻にかけていないのがいいね。今でも建物自体の存在感もある。

中山　この建物が建てられたときに，銀座のほかのデパートも一斉に改装したそうですね。そういう影響力ももっていた。

内田　一方，残念ながら取り壊されてしまった「日本長期信用銀行本店ビル」（日建設計，1993年，119号）のガラスボックスのアトリウムは，当時のトピックだったことを記憶しています。

中山　DPG（ドットポイント・グレージング）工法で，これほど大掛かりなものは日本初でしたね。

深尾　このあたりから，外装の考え方が，ヨーロッパ的な考え方になってきたなと思いました。

当初，建物全体のデザインを検討していたときは，アトリウムをガラス張りにする発想はなかったそうです。そこに至るには，設計者だけでなくガラスメーカーの担当者の方々の熱望もあったと聞いています。

構造エンジニアのピーター・ライスがパリのラ・ヴィレット公園につくったガラスの箱と同じですが，とにかくあれをやりたいという気持ちが実現につながった。

押野見　この工法が示唆したものはすごく大きい。必ずしもロチュール（特殊ヒンジボルト）で留めなくても，別のやり方でそれを連続していき許容誤差を考えれば，ガラスの透明な壁ができるんだというのを示してくれた。

これができたことをきっかけに，これ以降，日本におけるガラスに対しての考え方が少し変わったと言えるかもしれません。ガラスを壁に使った建築が多くなりましたよね。

編集部　「時事通信ビル」（KAJIMA DESIGN，2003年，160号）〈6〉は，カーテンウォールのオープンジョイントの目地を換気に使うという，コロンブスの卵的なアイデアですよね。

押野見　これは中層のオフィスビルなので，自然換気で環境負荷を小さくしようという考え方です。窓まわりを見ると，外側のカーテンウォールは完璧なユニタイズドで，その内側に普通の引違い戸を設けて，その戸当たりから

D200　39

白い教会
青木淳建築計画事務所

〈7〉　　　　　　　　　　　（撮影：畑 拓）

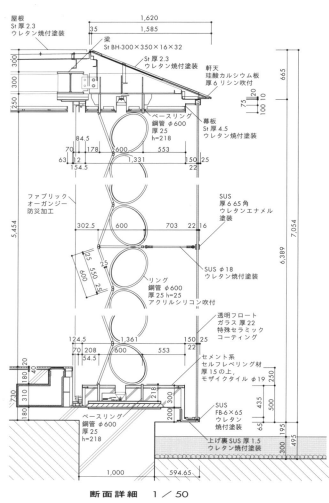

断面詳細　1／50

外気を導入する機構ですが，引違い戸をごく普通に扱ってもらおうという考え方が表れている。木製ブラインドを使っていたり，なかなかきめ細かくつくっています。

構造や流通の仕組みと絡むディテール

押野見　「せんだいメディアテーク」（伊東豊雄建築設計事務所，2000年，149号，150号，154号）のあたりから，構造体は柱と梁だけではなく多様になってきた傾向があります。「白い教会」（青木淳建築計画事務所，2006年，170号）〈7〉は鋼管から切り出したポーラスなリングが構造体になっていて，鉛直荷重を負担している。

棚橋　これは何かの発展形なのでしょうか。

編集部　青木さんはこの前に「ルイ・ヴィトン六本木ヒルズ店」（2003年，165号）のファサードでもリングの組合せを使われています。

棚橋　そういう経験と試行錯誤の延長線上で発想したものではないでしょうか。それと，構造解析ができるようになったことも，実現における大きな要因でしょうね。

押野見　一種のトラスになっていて，近似的に何かに置き換えて構造計算をしていると思うのですが，小さな規模だから可能なのでしょうね。

うまいなと思ったのは，このリングの外側にあるガラスの壁の支え方。SUSのバーをつっかい棒にしてガラスを支えているんです。

内田　リングがこんなに光るとは普通は思いませんね。光の当て方も相当考えたのでしょう。

押野見　現場での溶接も難易度が高かったと思いますが，すごく青木さんらしいものに仕上がっているなと思います。

構造とディテールという視点で見てみますと「神奈川工科大学KAIT工房」（石上純也建築設計事務所，2008年，177号）〈8〉も一般の人にはわかりやすくて，大学施設としての話題性も十分あり，目玉になったでしょうね。

内田　考え方が町家に近いですね。

押野見　水平力を担う柱と垂直力を担う柱が合計305本あるそうです。ランダムに柱を配置するための簡単なプログラムを自分でつくって耐力計算を

神奈川工科大学 KAIT工房
石上純也建築設計事務所

ベイサイドマリーナ ホテル横浜
吉村靖孝建築設計事務所

〈9〉　　　　　　（撮影：吉村靖孝建築設計事務所）

〈8〉　　　　　　　　　　　　　　　（撮影：畑 拓）

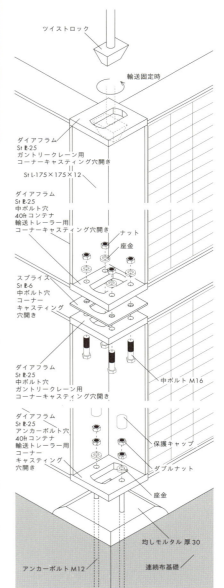

された。

内田 日土小学校の新館でもそういう考え方で柱を配置していますが，これはちょっと違いますね。

中山 4面透明ガラスで熱環境の問題がありますけど，林の中にいるようでアートとしては成立していますね。

押野見 こういうものが良い悪いというのではなく一つの事実として，視覚的なショッキングを求める傾向は日本の現代建築の中にある気がします。

深尾 若い人たちの建築に着目してみると，「ベイサイドマリーナホテル横浜」（吉村靖孝建築設計事務所，2009年，185号）〈9〉は1970年代と似たようなことを若い世代が再びやりたくなったという印象を受けますが。

棚橋 僕らも昔やりましたよ。コンテナと同寸でつくることでトレーラーにそのまま乗って移動できる。

深尾 海外でつくったコンテナユニットを輸送し，現場では二つのコンテナを上下に接続する。その仕組みがこの建築のポイントですよね。

押野見 スチールサッシュを今ではタイでつくっているように，その延長線上で，このようなことをやろうという話は今後増えてくるでしょうね。

最後に取り上げるのは谷口吉生さんが設計された「フォーラムビルディング」（谷口建築設計研究所，2009年，189号）〈10〉です。これは410mm角のステンレス柱梁によるグリッドを構成単位としてつくっておられるのですが，驚いたのは，実際の構造体や細かなディテールを徹底的に表に見せな

D200　41

フォーラムビルディング
谷口建築設計研究所

〈10〉　　　　　　　　　　　　　　（撮影：北嶋俊治）

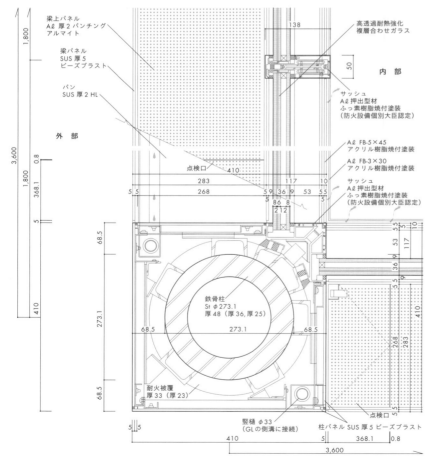

平断面詳細　1／8

ようにしていることです。

棚橋　図面を見てみますと，グリッドの中には特厚の鉄骨柱やビルトHの梁が詰め込まれ，直径33mmというとても小さな内樋でグリッドの雨水を処理していますね。

押野見　ええ。高透過の耐熱強化合わせガラスの存在感もすごくありますし，5mmのビーズブラストのステンレスもとてもきれいですよ。

中山　柱梁部は5mmの目地幅でジョイントしていたり，徹底的ですごい。

内田　コンクリートの打放し以上のものですね。（笑）

押野見　総合的に見ても，一つの目的に向かった特殊解だとも言えるのですが，これこそ日本的な，むしろ日本でなければ実現できない建築だと思います。

おわりに

棚橋　こうして振り返ってみますと，「必要は発明の母」ということわざがあるように，昔は工業製品やさまざまな仕掛けがまだなかったからこそ「こうしたい」「なければ自分でつくろう」というモチベーションが強かった。すべてを一から考え出さなければいけないという原動力でディテールを考えていた時代だったと言えます。

そして『ディテール』100号以降の時代になると経済も発展し，技術開発やさまざまな価値観が入ってきて，いわば応用編へと向かっていると感じました。

押野見　最初に取り上げた「パレスサイド・ビルディング」は，建物のディテールの随所に原点的な意味がありますが，総じて言えることは，独創性や革新性に加えて，建物全体のデザインコンセプトが，時代を超えて訴えかけてくるものがあるということです。きっとそれが建築にとって，とても大事なことなのでしょう。

ディテールを
決めるもの

外装進化の先駆けとなったもの
内田祥哉 ✕ 押野見邦英 ✕ 深尾精一 ✕ 松家 克

超高層の黎明期

深尾 ディテールの王道，つまりメインの部分として，高層ビルの外壁＝ファサードをどうするかという話があります。本誌100号のときもそれを中心に取り上げました。

　僕は1977年から大学で教えるようになったのですが，世の中では高層ビルがどんどん建つようになって，その外壁が最前線なのに，ディテールを教えようにも資料が全くない。それを教えている大学の先生もいなかった。それで僕は学生と一緒に超高層ビルの外壁を研究課題として調べ始めたわけです。当時，60 m以上の超高層ビルが東京都に120棟建っていた。その図面を全部集めて，その外壁構成を分析してみると，これが面白いし，どんどん進歩・発展している。

　それから僕は超高層外壁ウォッチャーになったんですが，内田祥哉先生と『建築構法計画』（鹿島出版会，1983年）を出版した頃は，面一表現が流行りで，「最近どんどんフラットになっているのはどういうことかねぇ」なんて内田先生が興味をもっておっしゃるので，それを調べてみましょうと。そういうことをしているうちに100号のお手伝いをすることになって，ほとんどそこに焦点を当てて100号をつくってしまったという感じですね。

松家 僕は1972年にアトリエ系の事務所に入ったのですが，当時はまさか自分が超高層を手がけるなんてことは全く考えていませんでした。ところが「ホンダ青山ビル」（椎名政夫建築設計事務所・石本建築事務所，1985年，87号）〈1〉を担当することになって，初めて高層ビルの外壁について勉強し始めた。当時はまだSSGが日本の超高層ではなかったんじゃないかな。せいぜいアルミのマリオンがついているぐらいでした。

　その後，100号記念号を深尾先生たちと一緒に編集することになって，外壁について調査をしたり，知識を新たに蓄えたり，当時の最新のビルをピックアップしていったわけですが，今見ると，そのあとは相当変わってきたなという印象はありますね。

　ただ，日本にアルミカーテンウォールが出てきて，最初にふっ素樹脂塗装を施した「ホテル・オータニ」（大成建設，1964年，2号）〈2〉は錆が出てしまった。そのあとしばらく日本では

〈1〉「ホンダ青山ビル」椎名政夫建築設計事務所・石本建築事務所　1985年　（撮影／彰国社写真部）

〈2〉「ホテル・オータニ」大成建設　1964年
（撮影／彰国社写真部）

ふっ素樹脂を誰も使わなかったんですが、あれはデュポン社の開発した製品ですから、アメリカではけっこう使われていました。その後の工業化も含めて考えると、素材として使われているものは依然として、圧倒的にアルミとガラスが主流なんだなというのを再確認しました。

〈3〉「神戸市新庁舎」神戸市住宅局　日建設計・大阪　1989年　（撮影／彰国社写真部）

1989年という分水嶺

深尾　100号は1989年ですから、日本経済のバブルまでとその後ということになりますが、100号までの高層ビルを見ると、当初は理屈どおりに高層ビルのファサードをつくり、いかに無理のない、きれいなものにするかという苦労をしてきたから、どんどん真っ平らな高層ビルがつくられるようになる。それをシール技術などが後押ししてきたわけですね。

ところが、これは先ほど挙げた本を書いていたときの内田先生による警鐘ですが、「技術」が真っ平らなものをバックアップできるようになると、一番設計が楽になる。つまり、軒天みたいなところもなければ、窓台もないので、なんにも設計する必要がなくて、エレベーションだけ描いてカーテンウォールメーカーに渡せば超高層ができてしまう。つまり、技術が進歩する

というのは、そういう面がかなりあるわけですね。

そうすると今度は面一が全くつまらなくなってしまう。それで内田先生と「武蔵大学科学情報センター」（内田祥哉＋集工舎＋深尾精一、1988年、98号）でなるべく外を凸凹にしたいという設計をしたわけです。「神戸市新庁舎」（神戸市住宅局、日建設計・大阪、1989年、102号）〈3〉も、ガラス張りなのにプレキャストコンクリートで、彫りが深くて、スパンドレルの部分に必要もないのにガラスを嵌めている。要するにバブルの絶頂期の、大地震が起きる前の神戸市を象徴するような贅沢な建物ですが、この建物は地震でも全く平気だったし、ガラスは一切割れなかった。それで災害対策本部になったわけですが、これは1989年というタイミングの一つの象徴だと思います。

松家　そうですね。そのあと、面一とともに、部材、無目、枠を一生懸命な

葛西臨海公園広場レストハウス
谷口建築設計研究所

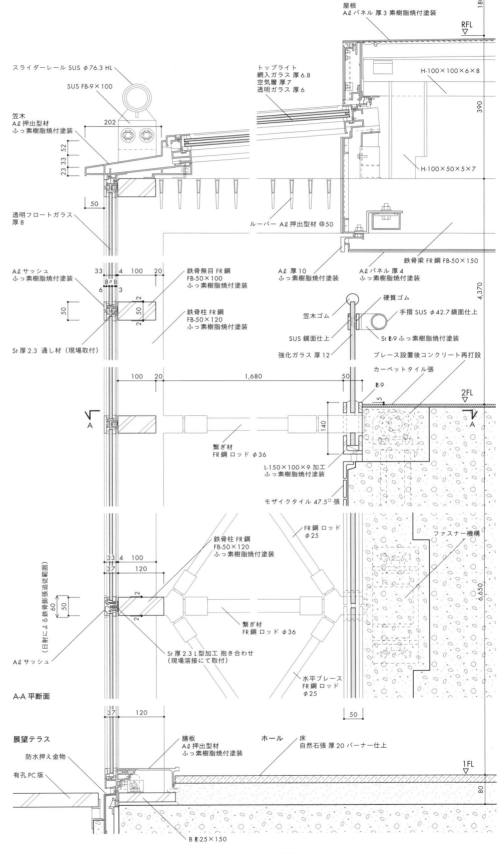

カーテンウォール断面詳細　1／10

まずガラス箱の構造体は，サッシュの方立も兼ねる厚50mmのフラットバーの格子そのもので，竪横の部材は全溶接された上でアールに削り出されている。この削り出しと部材の精度保持には特別な治具が用いられたほか，耐火被覆を免れるためFR鋼で38条の認定を取っている。夏場の鉄骨の熱伸びに対処するためのファスナー機構や，潮風で汚れやすいガラス箱を，カーウォッシュのように自動洗浄するメカニズムなど，革新的な工夫が随所に見られる。

設計／谷口建築設計研究所
施工／東亜・中里建設
竣工／1995年
所在／東京都江戸川区
撮影／彰国社写真部

ミュージックアトリエ
葉デザイン事務所

〈4〉　　　　　　　　　（撮影：彰国社写真部）

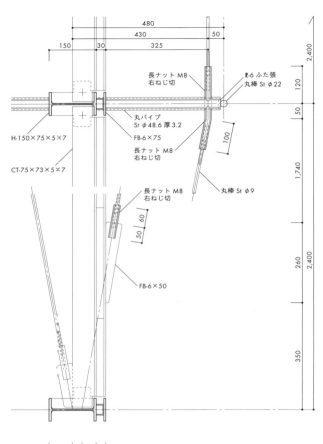

平断面詳細　1／12

くそうなくそうとしていましたね。例えば，細い無目がすごいというので「葛西臨海公園広場レストハウス」（谷口建築設計研究所，1995年，126号）が評価された。

深尾　無垢の鉄の方立で本当にきれいだし，透明感がありますね。

内田　そうですね。透明感というと，ドットポイントのほうが，透明感がありそうに見えながら，実はそうでもない。

深尾　「日本長期信用銀行本店ビル」（日建設計，1993年，119号）で，ドットポイントが流行りましたね。

内田　あれはある種のトピックですね。日本でこういうものができましたよ！という。

松家　絶頂期でしたね。ところが，だんだん同じような手法のビルがつまらなく見えてくる。そこで建築家のデザイン力が重要になってくるわけですが，その萌芽がすでに1980年代の葉祥栄さんの「ミュージックアトリエ」（葉デザイン事務所，1986年，90号）〈4〉に見られます。「ふるさとパレス」（葉デザイン事務所，1992年，117号）〈5〉も大型ビルではないですが，面一でも，当時ほかの人には真似のできないぐらいのインパクトがあった。

それとあわせて，モダニズムの本流である機能性と工業化というのは今後もなくなることはないし，環境や省エネの問題もその流れのなかにあるだろうと思っています。ダブルスキンも今はまだ過渡的な解答ですが，日本独自の進化を遂げています。実験的な色合いの「TODA BUILDING 青山」（戸田建設，2011年，193号）〈6〉は，ガラスに透明なソーラーの電極をつけて発電もさせる技術を備えている。

だから，200号までの25年，その前の創刊号からの50年の間に，日本の建築の外装というのは，日本の国力，経済力，社会性や思想とともに，ずいぶん大きな影響を受けて変わってきているんだなと思いますね。

国際化する建築家

内田　国際的な流れとの関係はどうですか。その前は，インターナショナルなものに日本が追いついていく，そういう時代だったでしょう。それがほと

〈6〉「TODA BUILDING 青山」戸田建設　2011年
（撮影／彰国社写真部）

ふるさとパレス
葉デザイン事務所

⟨5⟩　（撮影：新建築写真部）

スクリーン断面　1／300

A部断面詳細　1／30

B-B平断面詳細　1／6

C部断面詳細　1／6

んど対等になって日本が変わっていく。それは国際的な流れと一緒なのか，それとも引っ張っているのか，それとは全然関係なく，気候風土の特殊性から出てきているのか。

松家　世界的に見て，最近の日本の建築家は非常に評価されていると思いますが，その前の世代のスタンスは，戦後間もなくフルブライトなどの留学制度で，椎名政夫さんがSOMに行ったり，槇文彦さんのようにアメリカから技術力や建築の方法論を学ばれて帰ってきた。そして日本の工業化技術，建築の外観・設計手法などをなんとか国際スタンダードのレベルまで上げようとがん張ってきたわけですね。

その頃はカーテンウォールも日本では焼付け塗装で，鉄板に焼き付けたりしていた。ガスケットを使っているビルはほとんどなくて，国内では当時ガスケットをつくっていなかったから輸入していた。そのガスケットでつくったビルが新橋にまだ残っています。

押野見　僕も1966年に鹿島の本社ビルを岡田新一さんの下でお手伝いすることになり，岡田さんがSOMにいらしたときのやり方を日本でも踏襲しようということでプレキャストコンクリートを使ったんですが，プレキャストコンクリートに合わせるサッシュがそのとき日本になかったので，形鋼とガスケットを使った。それは建て替えるまで一応機能していましたね。

深尾　1989年に，カーテンウォール工業会の視察ツアーでアメリカに行ったときに思ったのは，ちょうどその頃，もうガラス張りのきれいなモダニズムの時代じゃないということになっていて，KPFもSOMも石をアレンジしたような，少しクラシカルなデザインを始めていた。例えばSOMではCADで天井まで届くような大きなエレベーションがさっと描けるようにして，それで勝負しようとしていました。

松家　巨大なエレベーションが出力してあって，横に模型が置いてある。僕もシカゴとサンフランシスコのSOMを案内していただいて，うらやましかったですね。日本はずいぶん遅れているなと思いました。

深尾　それは日本のカーテンウォールメーカーにとっても衝撃的なことだったけれども，結局それが日本に影響を与えたのは丹下健三先生の東京都新庁舎（1990年）だけですね。日本の組織設計事務所は，まだそこまで至っていなかったということでしょうが，日本とアメリカでは，その後モダニズムはどういう発展をすべきかということの感覚が違うから，あれは日本ではなじまないし，アメリカもそれをやり始めたら建築家の作品ではなくなってしまうのだろう。だからアメリカの建築界が手を出したというのが僕の理解ですね。

逆に言うと，そこまではアメリカの

東京オペラシティビル
東京オペラシティ設計共同企業体

〈7〉 （撮影：彰国社写真部）

石張無窓パネルまわり平断面詳細　1／15

嵌殺し窓まわり平断面詳細　1／8

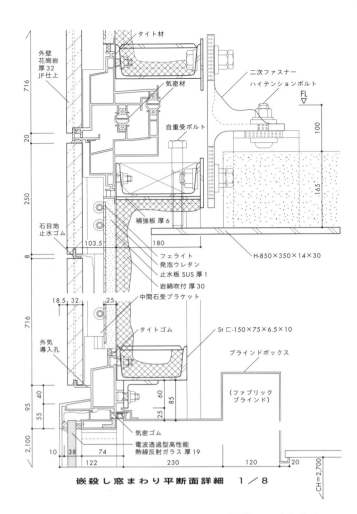

影響で後追いしていた感じだけれど，そこから先は，僕は日本の独自の発展の時期だと思います。

松家　僕も同じ考えです。ある程度，工業化も含めて日本の環境が整ってきて，これなら世界と肩を並べられたなというところまでたぶん行ったんだと思う。そこで，これからどうするんだろうというので，独自性が芽生え始めた。そのうちに，日本人の建築家のスタンスが国際的な評価を受けるようにまでなってきた。あるいは逆に，日本の職能が国際化に向く建築家を育てていたのかもしれませんね。

進化する超高層

松家　超高層に石が張られだしたのはいつなんですか。

深尾　それは「三和銀行東京ビル」（日建設計，1973年，40号）〈8〉。相当昔ですよ。これは，大林組がショックベトン・ジャパンという会社をつくって，天然石をＰＣに張り込むというのを超高層で初めて行っています。

松家　「東京海上ビル」（前川国男建築設計事務所，1974年，41号）もＰＣに煉瓦タイルを打ち込んでいますね。

深尾　「東京オペラシティビル」（東京オペラシティ設計共同企業体　ＮＴＴファシリティーズ・都市計画設計研究所・TAK建築・都市計画研究所，1996年，135号）〈7〉はＰＣに打込みじゃなくて，スチールフレームを使っています。僕が1989年にアメリカに行って聞いた話で象徴的で面白かったのは，ニュー

〈8〉「三和銀行東京ビル」日建設計　1973年
（撮影／彰国社写真部）

ヨークとシカゴでは建築のつくり方が違うと。それはプレキャストコンクリートをつくれる生産組織があるかないかで決まってくる。

　それにスチールでフレームを組んで石を張り付けるほうが安いから，アメリカではそうしている。日本ではプレキャストコンクリートをつくる工場があって，プレキャストコンクリートを使うほうが圧倒的に安くできるという状況でしたが，「オペラシティ」では，スチールフレームのほうが全体が軽くなるから，構造が楽になるということを計算して，アメリカ式のほうがいいと判断したのだと思います。そしてその後，ほかに真似する人がいなかったですね。これが1996年ですから，アメリカの影響が入っている建物の最後ぐらいで，そういう意味でもトピックになるのではないかと思います。

押野見　石張りは，日本のやり方でもアメリカのやり方でも，結局のところ

大阪東京海上ビル
KAJIMA DESIGN

〈9〉　　　　　　　　　　　　（撮影：彰国社写真部）

外フレームの柱・梁および内側の窓まわりのクラッディングはアルミの厚板（4mm）をふっ素樹脂焼付け塗装したもの（左側），北面コアのクラッディングは大型のアルミサンドイッチパネル（アメリカ・カブル社，20mm，上）

　石を接着剤でパネルにもたせているのではなく，いずれもシアコネクターみたいな金物でもたせている。でも「三和銀行」は当初接着剤でくっつけたために，窓の部分の石が割れてしまった。石と膨張係数の違うものは打ち込めない。それ以来，日本のPCの打込みは，ある程度大きい石は必ず金物でつけています。

　だから，合理的に考えたら，プレキャストである必要はないわけですが，日本の場合は，ゼネコンが品質保証の重責を負わされているために，アメリカみたいな方法をとれなかった。プレキャストコンクリートのほうが結局止水の点で有利だったということですが，その嚆矢となったのが「新宿センタービル」（大成建設，1979年，60号）ですね。

　一方，ガラスだけのほうが合理的じゃないかというので，カーテンウォールがどんどん進んできて，ユニタイズド工法が確立してきた。ミノル・ヤマサキの「ワールドトレードセンター」あたりからすでにオープンジョイントを前提としたユニタイズド工法になっていたんですね。正確に言うとオープンジョイントですが。

深尾　1989年にニューヨークに行ったとき，クイーンズで初めて超高層ビルを建てるという現場を見に行ったら，完全にアルミのユニタイズド。「これからは全部これです」と言っていましたが，日本ではまだユニタイズドはやっていなかった。

押野見　僕が担当した「大阪東京海上ビル」（KAJIMA DESIGN, 1990年, 107号）〈9〉も，クラッディングが外フレームの構造体にもあるので，いわゆるカーテンウォールの面積が通常の超高層の3倍ぐらいになって工事費を完全にオーバー。もう海外から輸入するつもりでアメリカのコンサルタントを雇って，数社から技術も含めて見積もりを

とったら日本の半額くらい。そうしたら日本のカーテンウォールメーカー数社の社長が鹿島の本社に来て，「アメリカと同じ値段でやります」という話になって，当時の鹿島昭一氏の英断で，アルミサンドイッチパネルの1面はアメリカ，あとの3面は日本のメーカーが分担してつくったんですよ。統一したディテールでね。

松家　「ホンダ青山ビル」も4面みんなカーテンウォールメーカーが違うんですよ。われわれが神経を遣ったのは，コーキング材とふっ素樹脂の性能。日本で発売されているコーキング材を全部使って，つくばで曝露試験を1年間やりました。

　あと，われわれは等圧も使いました。設計していた1985年頃は等圧でカーテンウォールをやっているところがなかったため，不安感が大きくて，裏側の見えないところに使いました。それで，コーキング材は汚れを発生させる

パシフィックセンチュリープレイス丸の内
設計総括／日建設計　設計監理／日建設計＋竹中工務店

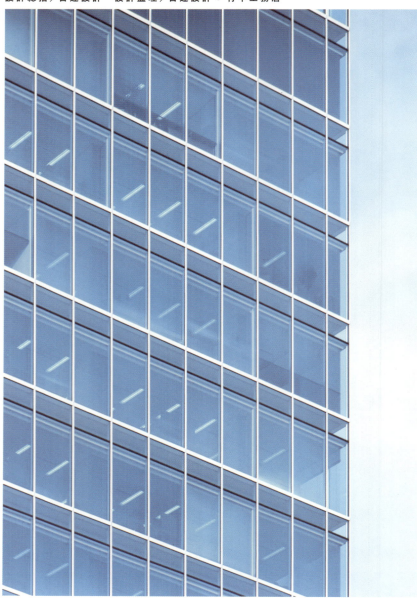

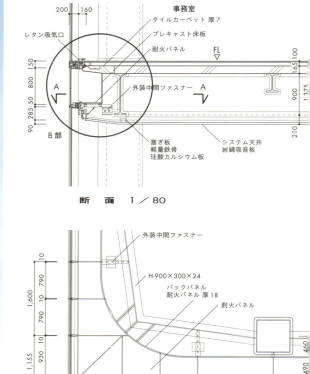

断　面　1／80

スパンドレル部A-A平断面　1／80

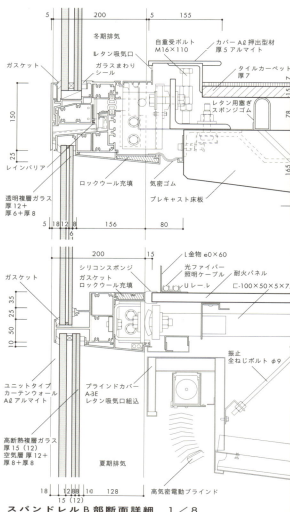

スパンドレルB部断面詳細　1／8

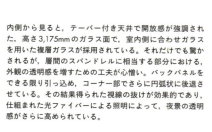

内側から見ると，テーパー付き天井で開放感が強調された，高さ3,175mmのガラス面で，室内側に合わせガラスを用いた複層ガラスが採用されている。それだけでも驚かされるが，層間のスパンドレルに相当する部分における，外観の透明感を増すための工夫が心憎い。バックパネルをできる限り引っ込め，コーナー部でさらに円弧状に後退させている。その結果得られた視線の抜けが効果的であり，仕組まれた光ファイバーによる照明によって，夜景の透明感がさらに高められている。

設計総括／日建設計　設計管理／日建設計＋竹中工務店
施工／竹中・鹿島共同企業体　竣工／2001年
所在／東京都千代田区　撮影／彰国社写真部

泉ガーデンタワー
総合監修／住友不動産　設計監理／日建設計

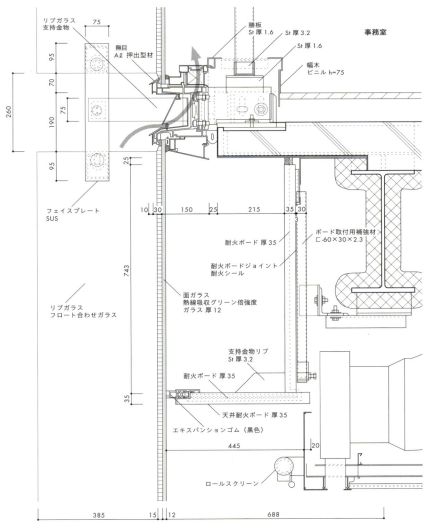

外壁断面詳細　1／12

作者のねらいは，透明で，リッチに輝くカーテンウォールである。外壁を構成するガラスパネルは層間を継ぎ目なしにし，その透明感を妨げる層間区画は，耐火ボードをガラス面に突き付けて耐火シールで閉じた。
厚くするとグリーンになる合わせガラスの色に合わせて，グリーンの熱線強化ガラスを使い，色にボリューム感をもたせた。手摺は，直射日光を感じてロールブラインドを操作するセンサーであり，ロールスクリーンの下りた，ガラスとの間は，手摺に仕込んであるファンで，簡単なダブルスキンになる。

設計／総合監修／住友不動産　設計監理／日建設計
施工／清水建設・鴻池組・淺沼組・鹿島建設・竹中工務店・住友建設特定建設工事共同企業体　竣工／2002年
所在／東京都港区　撮影／畑 拓

木材会館
山梨知彦／日建設計＋勝矢武之／NSD

設計／山梨知彦／日建設計＋勝矢武之／NSD
施工／大成建設　竣工／2009年
所在／東京都江東区　撮影／畑拓

「ルートB」と言われる，意匠や防災関係における一般的な性能設計法である避難安全と耐火性能検証法を用いて，新たな木材表現の可能性に挑戦した例であり，その成果であるファサードのコンクリートと拮抗するほどにダイナミックな木の存在感には圧倒される。木は薬品処理をしたものではなく檜無垢材で，排水を促すためにスペーサーを噛ませて長軸のボルトで結束する大胆な方法が試みられ，全体として物質感に溢れた力強いファサード表現の創出に成功している。

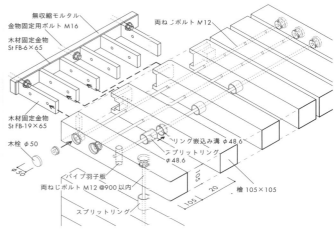

木外装端部アイソメ　1／15

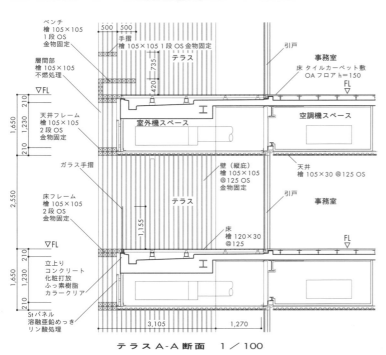

テラスA-A断面　1／100　　　テラス層間部アイソメ　1／30

から本当は表側には使いたくなかったんですが，表側にコーキング．今思えば逆だったなと（笑）．

押野見 「香港上海銀行」（I.M. ペイ，1985年）ができたすぐあとに「大阪東京海上」を手がけたんですが，あそこも既に等圧ジョイントでしたので，それをわれわれは梁でやるべきだということで，アルミの厚板を使いました．だから等圧ジョイントの考え方と，アルミのふっ素樹脂で焼付けが出てきて実現したという感じですね．それからファスニングの金物類が非常に進歩してきたということも大きい．

内田 ユニタイズドは，僕はオープンジョイントがなければ成立しなかったと思うんだけどね．等圧でユニタイズドというのは，相反するわけじゃないでしょう．

深尾 ガスケットで嵌合させるので，そこに空間もつくりやすいし，もともとシールを打たないという趣旨ですからね．

ガラパゴス化させる法規制

松家 僕が思うに，本誌の100号当時の技術，つまりユニタイズド，等圧，ふっ素樹脂，フラットパネル，アルミパネルの厚板等の技術がクリアされて，では次に何をするかというところで，なんとなく日本の中でガラパゴス化してしまったのかなというイメージがちょっとありますね．ちょっとやりすぎの部分もあるのかなと．

深尾 ガラパゴス化（笑）．そのことで申し上げたいのが，「パシフィックセンチュリープレイス丸の内（PCP）」（日建設計，2001年，152号）ですね．「PCP」は，要するにミースのガラスのスカイスクレーパーのようにつくるために何をやったかというと，スパンドレルの部分を斜めに見たときに透明に見せるために，奥の層間区画を構成する部材を斜めにしたわけです．

〈10〉「読売広告社」日本設計　2000年
（撮影／彰国社写真部）

僕はすごいアイデアだと思いますが，あれは耐火ゾーン90cmをいかにクリアするかということで設計し始めた．だけど，実際にそこで上下階の延焼なんて起きないし，本当に火事が起きると90cmでは全然足りなくて延焼するんですよ．つまり，本質じゃないところで法規の90cmに合わせるためにデザインを行うという時代になってきた．僕は，設計者の方々がもっと「本当に安全なものはどういうもので，今の法律はおかしい」と発言しないといけないと思います．

松家 僕は100号の編集に携わったときに，カーテンウォールについては，震災や火災の経験をわれわれはしていないのでより慎重に云々ということでまとめているんです．それは今でも続いているということですね．そのあと大きな震災がいくつもありましたが．

深尾 これだけ統一されているわけだから，総ガラス張り，ガラスで表現されたビルの火災実験をやってみるべきですね．

松家 地震に対しては，構造でもちゃんと対応する実力が上がってきて，外装にもそれが反映していますからね．

超高層の新しい挑戦

深尾 20世紀最後の10年はある意味で"模索の時代"という感じでしたが，21世紀に入ると「泉ガーデンタワー」（住友不動産，日建設計，2002年，156号）のように意欲的なものが出てきています．

〈11〉「ソニー株式会社 ソニーシティ大崎」
山梨知彦＋羽鳥達也＋石原嘉人＋川島範久／日建設計
2011年（撮影／畑 拓）

松家 「泉ガーデン」が面白いのは，造形的に今までにないシルエットを設計者が考えて，ガラスとマッチングさせたというところですね．単なるガラスの箱ではない．「読売広告社」（日本設計，2000年，148号）〈10〉もそうだと思います．

深尾 2010年代に入ると，「木材会館」（山梨知彦／日建設計＋勝矢武之／NSD，2009年，183号）とか「ソニー株式会社 ソニーシティ大崎」（設計／山梨知彦＋羽鳥達也＋石原嘉人＋川島範久／日建設計，2011年，191号）〈11〉がありますね．

内田 「木材会館」も，日本の法律がなかったら出てこなかったでしょう（笑）．

深尾 でも，ペリメーターに外部空間をデッキでつくるというのは，誰も考えなかったことだと思うんです．木を使うという条件が入っていたからこそできたような感じだけれども，オフィスビルのペリメーターとしては気持ちの良い，新しいものが出てきた．「ソニー」も，熱的な効果を超えた，何か新しい別の問題を捉えようとしているように思えます．そういうものがこれからの方向性になっていくのかなという気がします．

松家 そうなると，今まではコンピュータの技術発展も含めて，外装については知識と知性でやってきたものから，最後は感性の問題になっていきますね．より強いデザイン力が必要になるし，そうならざるを得ないんじゃないでしょうか．

ディテールを
決めるもの

3 素材へのチャレンジ
内田祥哉 ✕ 深尾精一 ✕ 中山 章 ✕
淺石 優 ✕ 山梨知彦

鉄を変えた異業種の技術

中山　この座談会では,「今日のディテール」に掲載された建築を素材の視点から振り返ってみようと思います。いわゆる「鉄板系」では,山梨さんは二つ手がけていますね。

山梨　そうですね。「神保町シアタービル」(山梨知彦+羽鳥達也／日建設計,2007年,176号)では,鉄板をクラッディング兼地震時のエネルギー吸収に使おうと考え,「ホキ美術館」(山梨知彦+中本太郎+鈴木隆+矢野雅規／日建設計,2010年,188号)〈1〉では鉄板を全面的に使いました。

内田　梅沢良三さんの事務所「IRONY SPACE」(アーキテクトファイブ,梅沢建築構造研究所,2003年,158号)と,自宅「IRON HOUSE」(椎名英三建築設計事務所+梅沢建築構造研究所,2007年,176号,179号,182号)〈2〉とか,「海光の家」(岡田哲史建築設計事務所,2010年,187号)〈3〉もあるね。みんな髙橋工業ですか。

淺石　鉄板だけじゃないけれど,「MIKIMOTO Ginza 2」(伊東豊雄建築設計事務所+大成建設一級建築士事務所,2005年,168号)〈4〉。あれは外側に鉄板を使ったコンクリート構造ですが,「多摩美術大学図書館」(伊東豊雄建築設計事務所,2007年,175号)〈5〉は構造的には鉄板で,コンクリートは座屈止めと耐火被覆になっている。

山梨　「富弘美術館」(aat+ヨコミゾマコト建築設計事務所,2005年,166号)も同じような頃ですね。あれは鉄板の曲面が印象的です。

深尾　「せんだいメディアテーク」(伊東豊雄建築設計事務所,149号,150号,154号)〈6〉が2000年で,髙橋工業が厚板を扱えるという話になりましたね。ヨコミゾさんはその現場担当だっ

〈1〉「ホキ美術館」山梨知彦+中本太郎+鈴木隆+矢野雅規／日建設計　2010年　(撮影：畑拓)

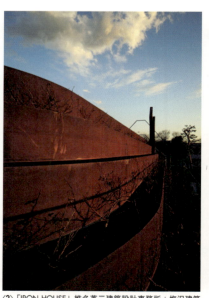
〈2〉「IRON HOUSE」椎名英三建築設計事務所+梅沢建築構造研究所　2007年　(撮影：畑拓)

〈3〉「海光の家」岡田哲史建築設計事務所　2010年　(撮影：畑拓)

MIKIMOTO Ginza 2
伊東豊雄建築設計事務所＋大成建設一級建築士事務所

〈4〉　　　　　　　　　　　　　　　　（撮影：畑 拓）

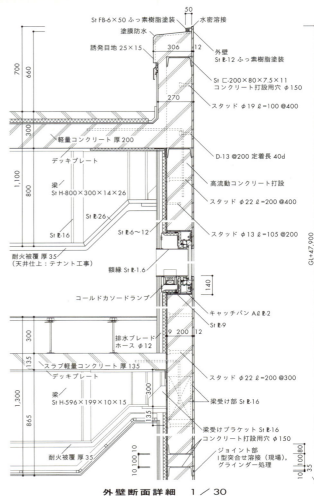

外壁断面詳細　1／30

多摩美術大学図書館
伊東豊雄建築設計事務所

〈5〉　　　　　　　　　　　　　　　　（撮影：畑 拓）

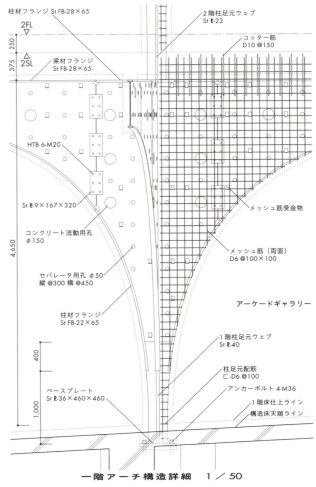

一階アーチ構造詳細　1／50

〈6〉「せんだいメディアテーク」伊東豊雄建築設計事務所　2000年　（撮影：彰国社写真部）　　施工中の鉄板スラブ　　（写真提供：伊東豊雄建築設計事務所）

たから，「富弘」が出てくるのなら，その源流として僕は「せんだい」を挙げるべきだと思います。

中山　ということは，厚板鉄板工法は21世紀の新しい工法ということですね。

山梨　確かに。メディアテークの工事中の現場を見たとき，黒光りする鉄板のスラブに衝撃を受けて。「ホキ」をやるときに，最初にテクスチュアとして思い出したのはあのスラブのイメージでした。下から見たとき，溶接痕がたくさん入っていてすごい迫力で。

内田　リブが中に入っている鉄板の厚いパネルというのはどうやってつくるのか，僕たちには見当もつかなかった。あれはどう溶接したの？

山梨　厚リブが組んであって，それに鉄板を張って，内側からだけじゃなくて穴を開けて焼き抜きで溶接しているんだと思います。焼き抜きという概念を知ったのも，あのときでした。

淺石　プラントの製缶で溶接する技術とか，造船の技術とか，それまでの建築系の溶接ではできない技術でした。

山梨　日建設計では大スパンを跳ばす際，厚肉の30mmのビルトHなどをつくるのに，その技術のほとんどが造船からきたという話は聞いたことがあります。たまたま造船所と付合いのあるファクトリーがあって。そのノウハウは残念ながら構造だけで完結してしまって，日建で造船の技術を活用したものをつくろうという動きは起きませんでしたが，伊東豊雄さんが「せんだい」をつくって，かなり鉄の使い方が変わりましたね。だから，スチールのディテールは，異業種参入で生まれたということですよ。

ねらい目の素材「アルミ」

中山　アルミの仕上げ材はいろいろありますが，アルミを構造材として使った建築というと近年では山本理顕さんは格子組みパネル式で「エコムスファクトリー」（山本理顕設計工場，2004年，163号）〈7〉，伊東豊雄さんは「SUS福島工場社員寮」（伊東豊雄建築設計事務所，2005年，167号）〈8〉をアルミ壁パネルでつくっている。ただ，アルミ構造は普及しそうでなかなか広まりませんね。

山梨　さっきの異業種参入という流れでいくと，新幹線の技術が建築に入ってくると面白いかもしれないですよ。新幹線のボディは，アルミを押し出してつくったものを展開して，それを摩擦撹拌接合でつないでいる。摩擦撹拌接合というのは，高速で回転させた金属を押し付けるとアルミを溶接できるという，建築ではあまり使われていない技術です。

中山　山本さんと伊東さんの事例は，二つともユニット部材をボルト締めでつくっているようです。

山梨　たとえば第1世代が線材として使っているとすると，それは建築的な使い方です。ひょっとすると第2世代は，異業種からアルミの使い方が入ってきて全く違うものができるかもしれない。デザイナーにとってアルミはねらいどころかもしれないですね。

中山　キャストアルミが構造材になったことはこれまでありますか？

内田　構造材には使っていないと思う。キャストアルミは，日本が輸出したカーテンウォールの代表ですよ。ほかのものはほとんど輸出したことがない。

中山　キャストアルミのカーテンウォールって，日本の製品なんですか？

内田　日本製。それがドイツに行ってBMW本社（Karl Schwanzer，1973年）のカーテンウォールになった。

山梨　アルミは実はステンレスよりも硬質で高張力なものがありますね。そういう硬いアルミ材の利用とか，面材とかハニカム以外の複合パネルとか，いろいろ展開が考えられる。アルミは確かに火災に弱いけれども，軽くて弱いけれども，それでいいという建築があれば，大胆に大きなスパンで跳ばす屋根なんてやってみたい気がします。

内田　僕は溶けないアルミを一つ考えたことがある。アルミのハニカムの両

エコムスファクトリー
山本理顕設計工場

〈7〉　　　　　　　　　　　　　（撮影：新建築写真部）

SUS 福島工場社員寮
伊東豊雄建築設計事務所

〈8〉　　　　　　　　　　　　　（撮影：彰国社写真部）

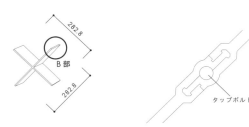

ラチスパネルユニットA部詳細　　B部嵌合接合部詳細

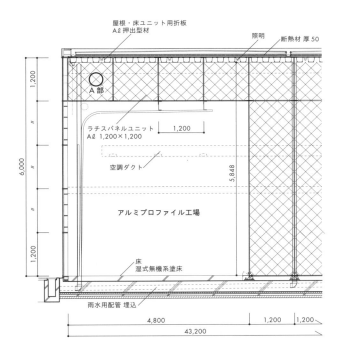

断面　1／100

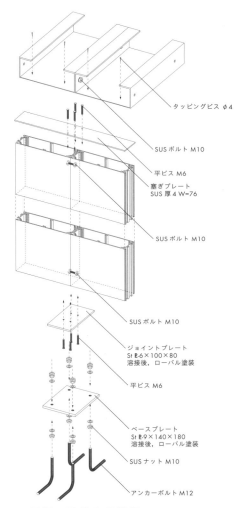

屋根・壁接合部詳細

側をポリエステル板で包むと，火事にあうとポリエステルは炭化してしまうから，中のハニカムは生きているんじゃないかと思うんですよ。
中山　そうすると，アルミの素材そのものは露出できないのでしょうか。
内田　露出は無理でしょうね。

深尾　アルミは熱伝導率が良すぎるので建築には使いにくい。だから，ステンレスは合金にしたとたんに熱伝導率が極端に悪くなるように，アルミも特殊な合金にして熱伝導率がすごく悪いものができたら，建築に自由に使えそうですね。

ステンレスの再評価

中山　内田先生，ステンレスが流し台以外で建築に登場するのはいつ頃ですか？　カーテンウォールをステンレスでつくった例はありますね。
内田　世界的に言えば，ニューヨーク

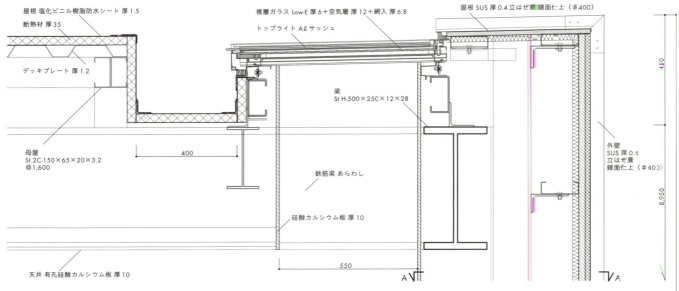

相模女子大学体育館
日本設計

桁行方向の外壁は断熱・耐火下地の上に0.4mmのステンレス鋼板の立てはぜ葺きとし、既存の工法ながら面材に#400鏡面のステンレスを用い、はぜ折りの最後を90°で止めラインの直線を強調、平部のペコペコ感と対比させ、景観の微妙な写り込みによる柔らかな質感と変化する表情を生み出し、細部の切れ味とともにこの建物に爽やかな清涼感を生み出している。

設計／日本設計　施工／清水建設　竣工／2007年　所在／神奈川県相模原市
撮影／彰国社写真部

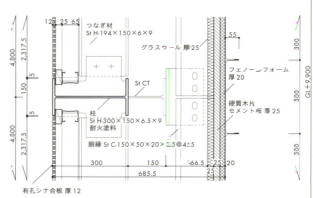

外壁A-A平断面詳細　1／15

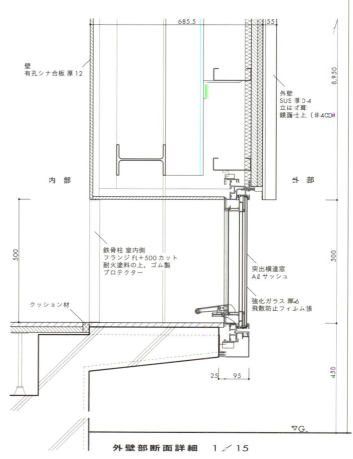

外壁部断面詳細　1／15

の「レバー・ハウス」（SOM，1952年）だと思う。

山梨 それらの影響を受けて，「三愛ドリームセンター」（日建設計工務，1963年）はロールフォーミングでつくっています。ステンレスだとロールフォーミングのほうが効率がいいということですね。最近あまり使わないですが，僕はもうちょっとロールフォーミングを見直してもいいんじゃないかなと思っています。

内田 ロールフォーミングって，角がビシッと出ないでしょう。

山梨 それをよしとすれば，可能性がある。以前，村上徹さんが住宅で細くてきれいなサッシュを使っていて，全部ロールフォーミングでした。アルミよりはロールフォーミングでつくったほうが，オフィスのサッシュなどではきっと良いものができますよ。

内田 工場なんかのサッシュはそうですね。

中山 外装材としては，「相模女子大学体育館」（日本設計，2007年，178号）がステンレスですね。

淺石 あれは鏡面の400番で，800番だと鏡みたいになります。鏡じゃ映りすぎなので，ベコベコ感というか，ちょっと鈍く映る感じにしたかった。屋根屋さんが心配して「しわが寄っていいんですか」と聞いてきました（笑）。

内田 あれは熱応力でしわが寄っているの？

淺石 いや，薄いから。0.4mmぐらいですからね。

中山 いわば普通の屋根材ぐらいですから，しわを寄せないのは無理ですよ。それを表情として使ったわけですね。

淺石 風景をモザイク化したような表現にしたいと思っていました。

日本の技術力で実現した膜構造

中山 膜構造は一体いつ頃から？

内田 膜は大阪万博から。その次がアメリカの野球場ですよ。

山梨 当時「アメリカ館」（設計：Davis, Brody & Associates.，設計協力：大林組，1970年，24号）〈9〉がすごく話題でしたが，僕は「富士グループパビリオン」（村田豊建築事務所，大成建設，1970年，24号）〈10〉が傑作だと思う。びっくりしたのは，あの圧力抜きの弁。膜の端にパイプが付いているのですが，パイプがパビリオンを取り囲む池の中に引き込まれ，水が充てんされている。膜内外の圧力差が大きくなると，パイプから水が押し出され，池の中へ空気がぶくぶくと押し出され減圧されるという，すごくシンプルな仕組みなんですよ。空間もプランは丸なのに，空気を入れると外側にたわんでいって自然に外形ができていくという，今でいうアルゴリスティックな設計になっている。空気をデザインに取り入れた村田豊さんってすごいデザイナーだなと思います。

内田 そのあとのつくばの万博で，空気を入れた膜をコンプレッション材として，ワイヤーを使ってトラスをつくった「テクノコスモス」（香山アト

〈9〉「アメリカ館」設計：Davis, Brody & Associates. 設計協力：大林組　1970年
（撮影：彰国社写真部）

〈10〉「富士グループパビリオン」村田豊建築事務所　大成建設　1970年
（撮影：彰国社写真部）

〈11〉「ユニクロ心斎橋店」藤本壮介建築設計事務所，シリウスライティングオフィス，日建設計，大林組，丹青社　2010年　（撮影：畑拓）

リェ／環境造形研究所，1985年，84号）があったでしょう。あれはなかなかよかったですよ。

山梨　大阪万博の空気膜は，世界的に見てもオリジナルですよ。

内田　そう。確かに「アメリカ館」はオリジナルに違いないが，アメリカは技術を持たないで，絵を描いて持ってきたものを日本が技術化したんですね。それを持って帰ってアメリカの太平洋岸でいくつかつくっています。

中山　最近では「ユニクロ心斎橋店」（藤本壮介建築設計事務所，シリウスライティングオフィス，日建設計，大林組，丹青社，2010年，188号）〈11〉の外装でETFE（エチレンテトラフルオロエチレン）膜を使っていますね。

淺石　日頃見られる空間じゃないけど，高橋靗一さんの「パークドーム熊本」（第一工房，1997年）〈12〉。高橋

〈12〉「パークドーム熊本」第一工房　1997年
（撮影：淺石 優）

さんがドーナツ状の二重膜の中を歩いたのですがなかなかすごい。

中山　僕もその写真を見せてもらいました。刺激的な写真でしたね！

山梨　膜構造というのは，日本らしい構造なのかなという気がします。

専門外だから生まれた
新しい木の表現

編集部　自然素材のものが100号以降多くなっています。坂茂さんは紙を構造材として使っていますが（「紙の建築　詩人の倉庫」坂茂建築設計，1997年，110号）〈13〉，紙に強度があるというのは驚きでしたね。竹では「愛・地球博　長久手日本館」（日本設計，2005年，165号）と「竹の会所」（陶器浩一＋滋賀県立大学陶器浩一研究室＋髙橋二業，2011年，191号）。それから土だと，「安養寺木造阿弥陀如来坐像収蔵施設」（隈研吾建築都市設計事務所，2002年，160号）〈14〉は版築のブロック，「アース・ブリックス」（山下保博×アトリエ・天工人／髙田昌彦・石上あずさ，2011年，191号）は土のブロックを建築に使うものですね。

中山　木造だと，新しいほうからいくと「木材会館」（山梨知彦／日建設計＋勝矢武之／NSD，2009年，183号，191号）。木造のブリーズ・ソレイユというのは，たぶん日本にしかないで

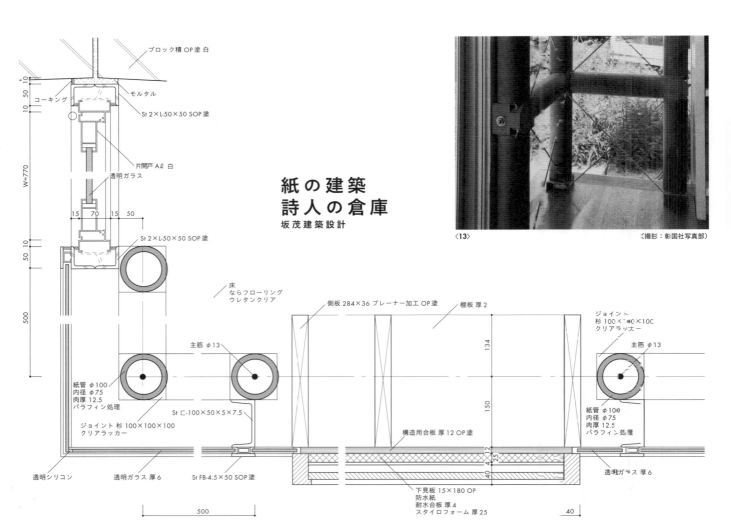

紙の建築
詩人の倉庫
坂茂建築設計

〈13〉　（撮影：彰国社写真部）

エントランスまわり平面詳細　1／8

しょうね。あの最上階は長手方向にスパンを跳ばしていますが，そのほうが合理的なんですか？
山梨　オフィスの最上階で奥行き24mを木造でワンスパンで架けられたら，ほかでも使えるだろうと。ちょうどそのとき「NBF大崎ビル（旧ソニー株式会社 ソニーシティ大崎）」（山梨知彦＋羽鳥達也＋石原嘉人＋川島範久／日建設計，2011年，191号）をやっていたんですね。梁にクリープが起こらないような実例をつくれば「ソニーの最上階が木造にできる」かもしれなかったのと，眺望を得たかったので，その二つの理由であえてチャレンジしました。
中山　木を組み合わせればこれぐらいのスパンを跳ばせる，と。
山梨　今もほとんどクリープが出てないんですよ。木造の場合は累積クリープがこわいので，それを実証できるかどうかというのもチャレンジでした。
中山　なるほど。木材を使うことイコール木構造だという建築が主流ですね。そうすると必ず木材の収縮と割れの問題が出てきて，皆さんさまざまな金物の工夫をしたりしますが，「木材会館」ではどうされたのですか？
山梨　まず割れは起こるだろうと覚悟しました。ただ，高温蒸気乾燥をゆっくり丁寧に行えば芯持ち材でも意外と割れないという話を聞いたのと，クライアントの材木問屋の旦那衆も「割れても芯持ち材で1割以内だ」と言うわけです。それで「木材会館」の最上階は芯持ちの背割りなしでやりました。背割りすると弱くなってしまうので，梁に使うところは背割りなし。結果として今，竣工後4年目ですが，目視で割れているのが見えるのは1本だけ。
中山　すごい比率ですね。結局，木材はヤング係数と含水率の管理ができれば安心して使えるはずだと以前から言われていました。全品検査なんて面倒くさくてだれもやらなかった。それを覆したのが「所沢市民体育館」（所沢市道路公園部営繕課，坂倉建築研究所，2004年，162号，163号）〈15〉で，地場産材を全品検査して，合格したものだけで構造体をつくり，それ以外は内装材に使い回す。先ほどの異業種ではないですが，坂倉さんや山梨さんなど木造専門ではなかった方々が，常識にとらわれずに新しい可能性を提案されています。

素材原理主義からの脱却

中山　無垢材を使うほうがいいと思われますか。それとも集成材のほうが安心ですか。

安養寺木造阿弥陀如来坐像収蔵施設
隈研吾建築都市設計事務所

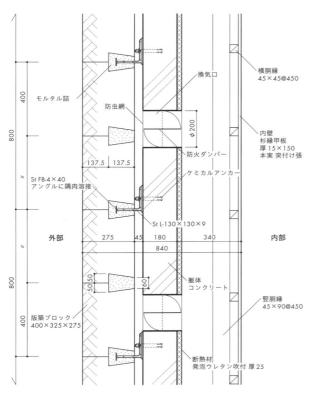

版築ブロック壁詳細　1／20

〈14〉

（撮影：彰国社写真部）

愛・地球博 長久手日本館
国土交通省中部地方整備局営繕部，日本設計

企画調整・管理／国土交通省中部地方整備局営繕部
日本設計　施工／熊谷組　竣工／2005年
所在／愛知県愛知郡　撮影／彰国社写真部

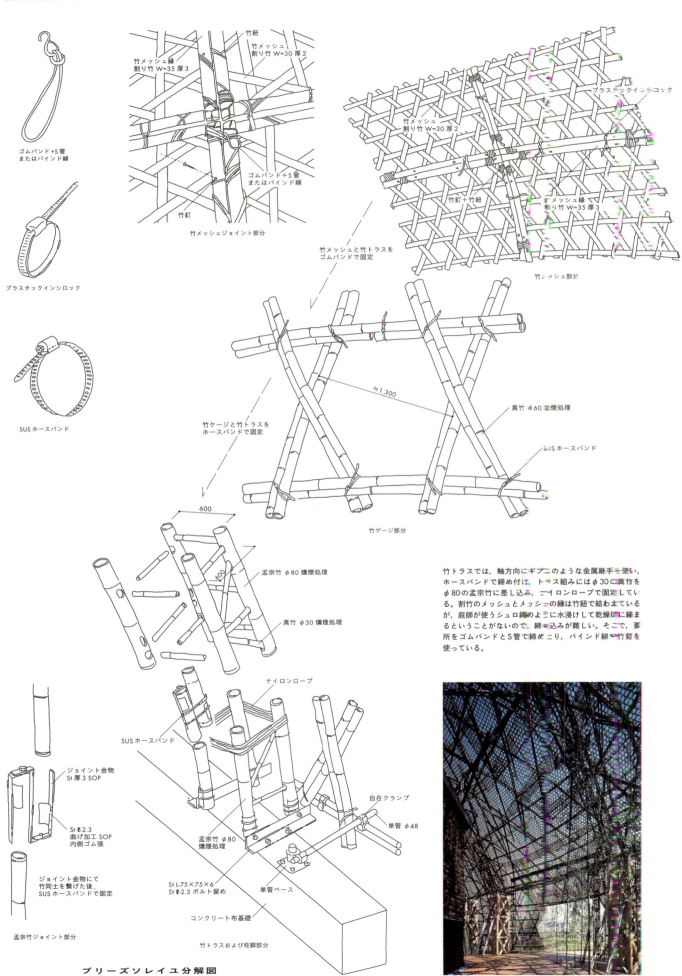

ブリーズソレイユ分解図

竹トラスでは，軸方向にギプスのような金属継手を使い，ホースバンドで締め付け，トラス組みにはφ30の真竹をφ80の孟宗竹に差し込み，ナイロンロープで固定している。割竹のメッシュとメッシュの縁は竹紐で結わえているが，庭師が使うシュロ縄のように水浸けして乾燥時に締まるということがないので，締め込みが難しい。そこで，要所をゴムバンドとS管で締めたり，バインド線や竹釘を使っている。

木材会館
山梨知彦／日建設計 ＋ 勝矢武之／NSD

ここでは，白樫を用いた多量の木栓にピンを組み合わせてコネクターとし，重ねた材を90cmピッチのボルトで締めて，24mのスパンの変形ボックス梁をつくり出している。材の継手には，伝統的な追掛け大栓継ぎをアレンジしたものを採用し，階段状に90cmずらして組み込んでおり，ボルト貫通部にはアルミのスプリットリングが用いられている。

設計／山梨知彦／日建設計 ＋ 勝矢武之／NSD
施工／大成建設　竣工／2009年　所在／東京都江東区
撮影／畑 拓

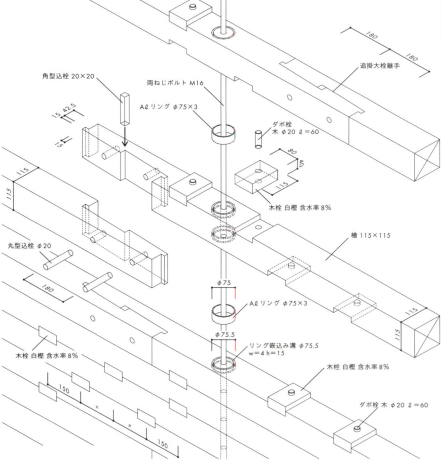

木梁組立アイソメ　1／15

所沢市民体育館
坂倉建築研究所

〈15〉　　　　　　　　　　　　　　　　　　　（撮影：畑 拓）

屋根トラス詳細　　　　　　　（撮影：畑 拓）

山梨　僕らは木の専門家じゃないから無責任な言い方になるかもしれませんが，無垢か集成材かというのは，ゆるくつくりたいものと精度を上げてつくりたいものといった建築のプログラムによって違うので，適材適所でいいのかなと思います。
　僕が「木材会館」の外部に木ルーバーを入れるときに集成材を使わなかった理由は，接着面でどうしても水の浸透率が低くなってそこが割れるのが一番いやだったんですよ。木は割れてもいいけれど，剥離で割れると強度が落ちてしまうから。

中山　集成材は外部に曝露すると部分剥離といって，接着剤は残っているのにあるピースだけポロッと抜けたりする。僕はカナダのブリティッシュコロンビア州の集成材と合板を取材したことがあるのですが，カナダの木造建築は集成材を外部に曝露させない。

内田　カバーするの？

中山　いや，外は無垢材なんです。住宅でも学校でも，外部には集成材を見せない。そういった事例を見て，集成材にも限界があるのかと思いました。

山梨　ドイツでは日本と逆で，ローコストだから木を使うんですが，その構造体にクロスラミナが使われている。日本でもやっと認められましたが，クロスラミナは，安い木材をうまく使うのに今後日本でも普及するんじゃないかと思います。まだ解決していないのが火災に対する問題。

中山　北米では，木材は石膏ボードでカバーすれば燃えないという扱いですね。

山梨　日本ではまだ，いい素材を機能的に使うと言いつつも，それが"表し"であることが評価されるんですね。それがたぶんディテールの中で素材が取り上げられる最大の理由。海外だったら素材は何を使ってもメッキしてあればいいとか，カバーしてあってもいいけれど，日本では素材を生かしながら，かつビジュアライズされていることが重視される。

中山　それともう一つ，日本にはまだ木造原理主義がありますから，さっきおっしゃった適材適所という考えはなかなか理解が得られない。

山梨　実は木だけじゃなくて，日本の

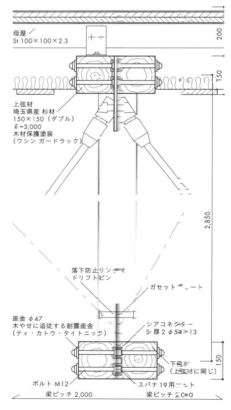

屋根トラス断面　1/15

場合はほかの素材もみんな素材信仰がありますね。原理主義に走りやすいところが面白いけれど危険で，そこをもう少し解放してあげられればいいなと思っています。

ディテールを決めるもの

4 環境とサスティナブルの時代へ
内田祥哉 × 八木幸二 × 淺石 優

建物緑化による環境制御

編集部 1980年代後半から環境制御のためのディテールが登場します。その後は省エネルギーでエコロジーなものが多く掲載されるようになり，現在に繋がっています。

それらの手法はさまざまですが，「緑化」は大きなテーマの一つです。これまでを振り返ってみて，どのような流れが見てとれるでしょうか。

淺石 バルコニーなどの一部を緑化するという事例は70年代からあったわけですが，「電通生協八ヶ岳ログハウス」（日本総合建築事務所，1986年，91号）〈1〉は，住宅規模における屋上全面緑化の初期の事例ではないでしょうか。屋根の棟だけに限らず，全面に土を載せて植物を植えていますよね。

内田 このようなものができるようになったのは，やはり経済が成長して生活が豊かになったということと，防水の技術が発達して雨漏りをあまり心配しなくてもよくなったことが大きいでしょうね。

八木 ヨーロッパ，特にドイツあたりに行くと，土屋根で地球環境を意識した提案の建築は多いです。岩村和夫さんも「いわき・風舎村センターハウス」（岩村和夫＋岩村アトリエ，1994年，128号）〈2〉で土屋根の環境共生建築をつくっておられる。

淺石 大規模な緑化事例を挙げるとすれば，複合施設「アクロス福岡」（日本設計，竹中工務店，1995年，128号）で約7,000㎡の屋上緑化に挑戦しました。この建物は60mくらいの高さがあるのですが，全体を山に見立てて，階段状のステップガーデンをつくりました。

それまでの常識では，風が絶えず吹く高所では水が気化するため緑化は御法度でしたが，70年代にできた「玉川髙島屋」の屋上庭園では完成から20年近くを経ても変わらずに植物が育っていましたので，「アクロス」でも緑化へと踏み切れたのです。

八木 技術的に見ると，灌水システムは1990年代初めにはかなりコントロールできていましたよね。緑のダブルスキンをまとった「東急大岡山駅上東急病院」（東京急行電鉄・安田幸一研究室＋安田アトリエ・大建設計，2008年，178号）〈3〉では中国の泥炭を使って，パイプを通して栄養分と一緒に灌水しているそうです。「アクロス」もそのような灌水システムなのでしょうか。

淺石 普通に雨が降る土地ですから，山の仕組みにならった灌水のいらない独自のシステムをつくりました。

〈1〉「電通生協八ヶ岳ログハウス」
日本総合建築事務所　1986年
（撮影：彰国社写真部）

〈2〉「いわき・風舎村センターハウス」
岩村和夫＋岩村アトリエ　1994年

〈3〉「東急大岡山駅上東急病院」
東京急行電鉄・安田幸一研究室＋安田アトリエ・大建設計
2008年　（撮影：安田幸一）

アクロス福岡
日本設計，竹中工務店

　具体的には，保水性の高い人工軽量土壌を使っています。雨は土壌に浸透し，余剰水は透水層，ガーゴイル経由で下階に排水されるというわけです。トップライト部分では，蛇籠による透水溝をつくっています。それらは38ヵ月にわたるモックアップによる検証結果の賜物です。

八木 蛇籠を土木的な扱い方にしたわけですね。

淺石 現在では樹種も増え，まさに山みたいになっていて植えた覚えがない鳥が運んできた実生による植物も育っていますよ。

内田 ディテールをそのために相当考えられて，3年間以上の検証とはすごいね。

淺石 その結果，自信を深めましたし，建物を植物で覆った効果もきちんと証明されています。ある意味，植物は断熱材です。いわゆるゴーヤのカーテンも効果がありますよね。

　そして，そういった経験を経て設計したのが「水生生物保全センター／ふくしま海洋科学館」（日本設計，2001年，150号）〈4〉です。屋上緑化に加えて，外壁は鉄骨を下地に，内と外に蛇籠をダブルで使い，空気も通り抜ける壁面緑化の実現に至りました。

〈4〉「水生生物保全センター／ふくしま海洋科学館」
日本設計　2001年　（撮影：畑 拓）

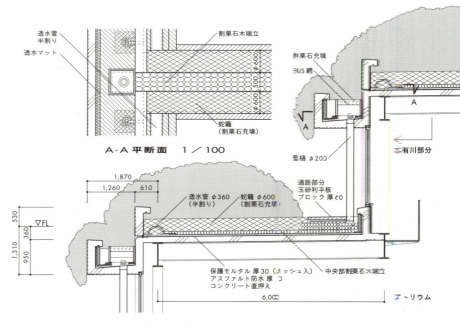

A-A 平断面　1／100

ステップガーデン断面　1／100

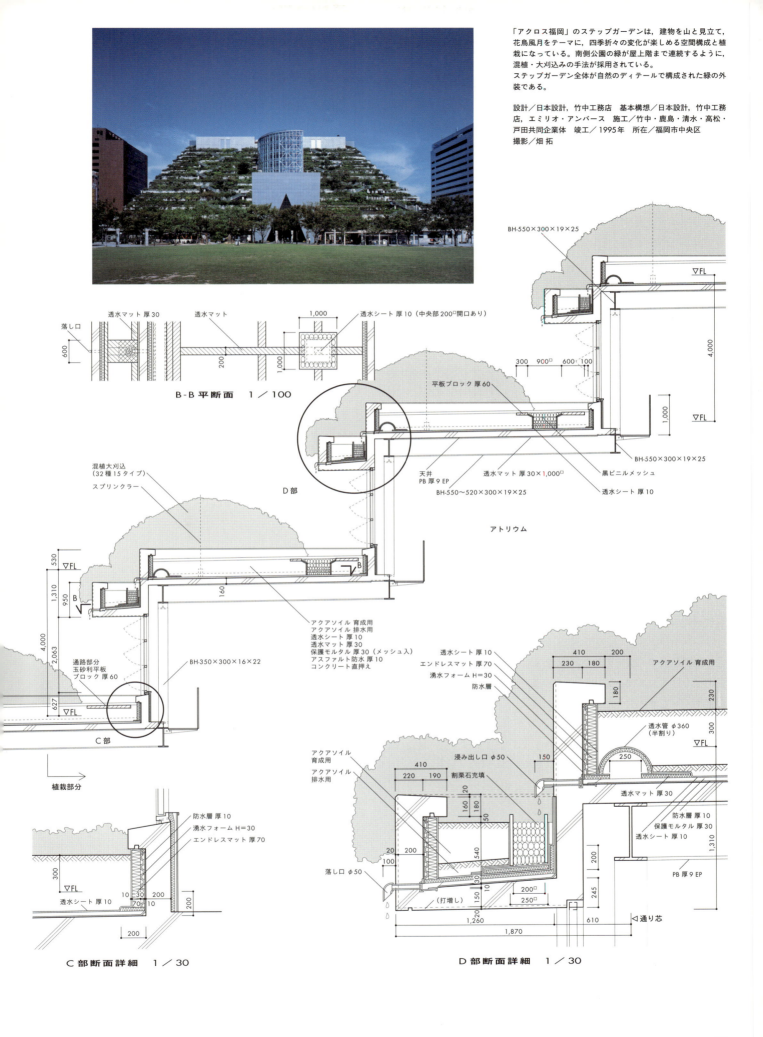

熱・光・水環境をコントロールする

編集部 環境問題が注目を集めるようになり，大きな面積の屋根や外壁をもつオフィスのような設計では，時代とともに熱環境のコントロールが主要なテーマになってきたかと思います。

それは「今日のディテール」ではかなりのウエイトを占めていますが，いつ頃からそういったことに対する意識をもつようになったのでしょうか。

淺石 日本の伝統的な住宅を考えると，建物は南向き配置とし，深い庇や屋根を付けて，建物の外側で熱と日射しを遮ることを基本としています。さらに格子戸・障子・雨戸などの建具や，簾などを上手に使って生活を営んできたという文化的な歴史がある。それは理想的な形式だと思います。

一方で，現代建築はフラットフェイスな形式でつくられてきた。その過程で，ダブルスキンなどの熱環境をコントロールする形式が出てきたと，私は理解しています。

内田 なるほど。そう理解するとわかりやすいですね。建物の外側で熱を防ぐという考え方はたしかに昔からあって，蔵の置き屋根もそうでしょう。熱を外に反射させて，さらに屋根の下を流れる通気層から上へ抜いて室内の温度上昇を防ぐ。でも，日本では防水層が普及したため，そういった形式の屋根を見かけなくなってしまった。

皆さんご存じないかもしれませんが，建物の外側で熱を遮ろうとした「住友商事ビル」（大林組，1966年，10号）〈5〉はなかなかの名作だと思います。プレキャストコンクリートのカーテンウォールに取り付けた熱線吸収ガラスで日射しを遮り，内側に空気を通して熱もコントロールしている。

八木 このディテールだとガラスの裏表を掃除しないといけないから，ちょっと大変ですね。これは一種の外

住友商事ビル
大林組

〈5〉　　　　　　　　（写真提供：大林組）

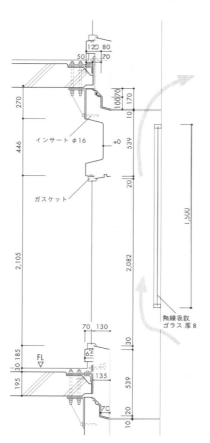

断　面　1／30

武蔵大学5号館
内田祥哉＋集工舎

〈6〉　　　　　　　　（撮影：彰国社写真部）

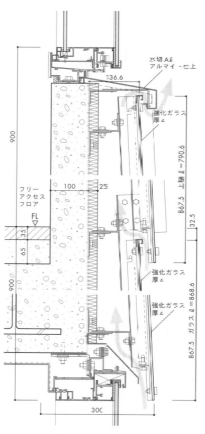

断　面　1／10

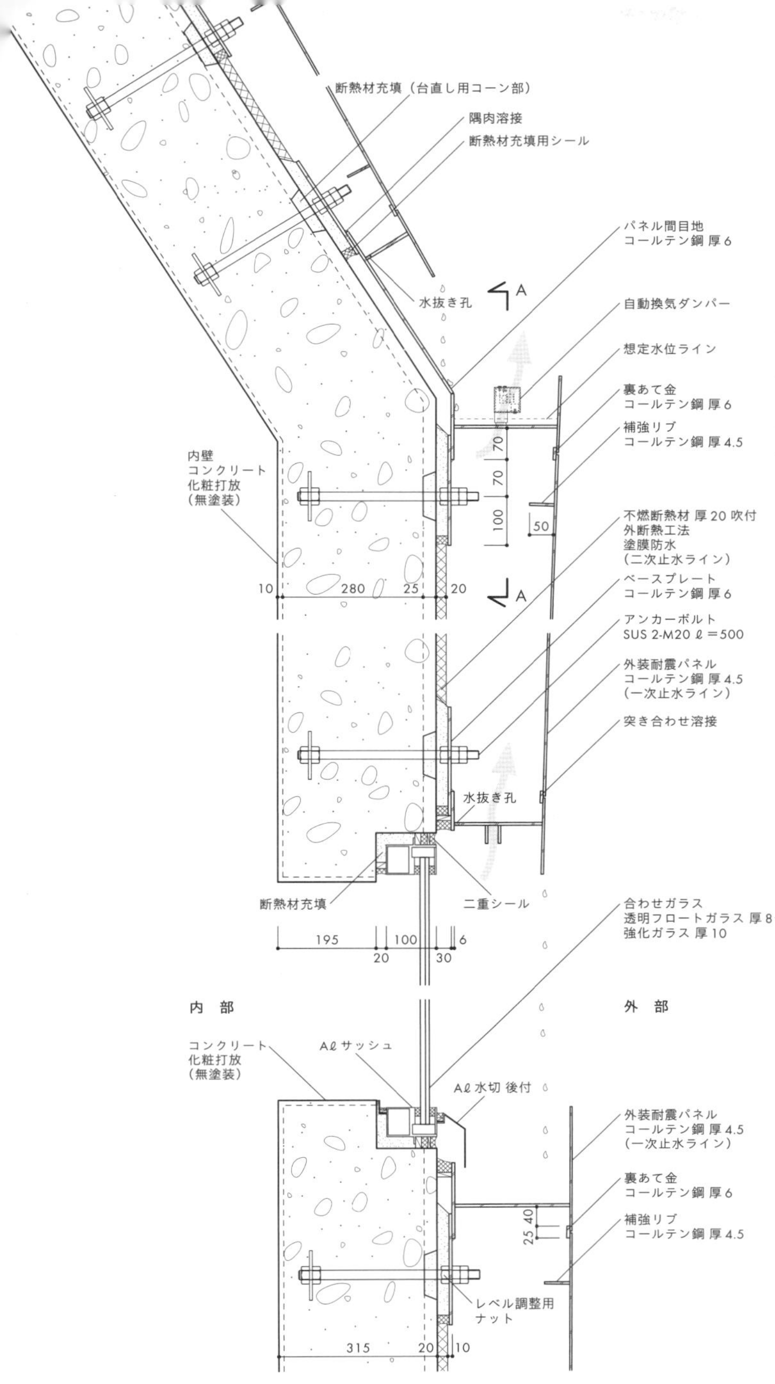

神保町シアタービル
山梨知彦＋羽鳥達也／日建設計

図中ラベル（左図・外装耐震パネル断面詳細）：

断熱材充填（台直し用コーン部）
隅肉溶接
断熱材充填用シール
パネル間目地
コールテン鋼 厚6
自動換気ダンパー
想定水位ライン
裏あて金
コールテン鋼 厚6
補強リブ
コールテン鋼 厚4.5
水抜き孔
内壁
コンクリート
化粧打放
（無塗装）
不燃断熱材 厚20 吹付
外断熱工法
塗膜防水
（二次止水ライン）
ベースプレート
コールテン鋼 厚6
アンカーボルト
SUS 2-M20 ℓ＝500
外装耐震パネル
コールテン鋼 厚4.5
（一次止水ライン）
突き合わせ溶接
水抜き孔
断熱材充填
二重シール
合わせガラス
透明フロートガラス 厚8＋
強化ガラス 厚10
内 部
外 部
コンクリート
化粧打放
（無塗装）
Aℓサッシ
Aℓ水切 後付
外装耐震パネル
コールテン鋼 厚4.5
（一次止水ライン）
裏あて金
コールテン鋼 厚6
補強リブ
コールテン鋼 厚4.5
レベル調整用
ナット

10　280　25　20
195　100　6
20　30
315　20　10

外装耐震パネル断面詳細　1／15

〈7〉
（撮影：畑 拓）

図中ラベル（右下図・自動換気ダンパー）：

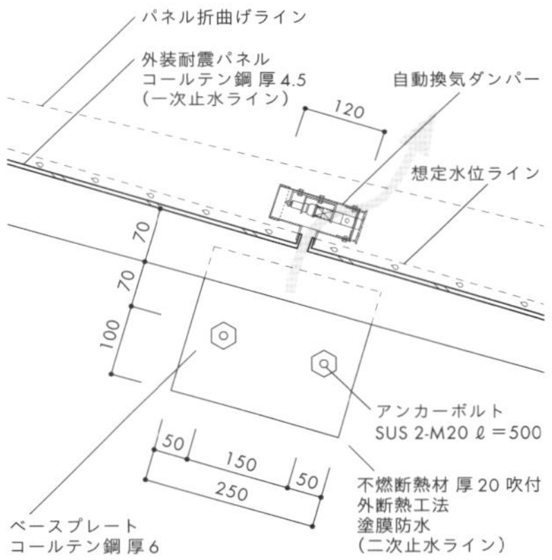

パネル折曲げライン
外装耐震パネル
コールテン鋼 厚4.5
（一次止水ライン）
自動換気ダンパー
想定水位ライン
120
70　70　100
アンカーボルト
SUS 2-M20 ℓ＝500
不燃断熱材 厚20 吹付
外断熱工法
塗膜防水
（二次止水ライン）
ベースプレート
コールテン鋼 厚6
50　150　50
250

自動換気ダンパー A-A 断面詳細　1／15

付けルーバーのような役割とも言える
かもしれない。

内田　それと，壁などの断熱について
言えば，大ざっぱに見ると100号以
前は内断熱が多かった。外断熱がいい
ことはわかってはいたけれども，施工
が大変だから，内断熱で間に合わせて
いたわけです。

　「武蔵大学5号館」（内田祥哉＋集工舎，
1992年，117号）〈6〉ではコンクリー
トの外側にガラスの下見板を張りまし

た。あれも外断熱ですよ。

淺石　いろいろな経験を経て，70年
後半から80年代頃に行われた外断熱
のディテールを見ますと，窓はなるべ
く少なくして断熱性能を高めるという
考え方が見てとれますね。

八木　たしかに，「国立西洋美術館新
館」（前川國男建築設計事務所，1979年，
63号）や，「たくぎん中島クラブ」（石
本建築事務所札幌支所，1979年，64号），
「日本火災海上保険　軽井沢山荘」（秋

元和雄設計事務所，1986年，91号）といっ
た建物は，コンクリート躯体にスタイ
ロフォーム等で外断熱を施し，空気層
を設けて，開口部が少ない煉瓦積みの
外壁で仕上げています。

淺石　最近の事例では「神保町シア
タービル」（山梨知彦＋羽鳥達也／日建
設計，2007年，176号）〈7〉が外断熱
ですよ。コンクリート躯体の外側に鉄
板をかぶせて，その間に設けた空気層
の気流を自動換気ダンパーでコント

マブチモーター本社棟
日本アイ・ビー・エム，日本設計，フォルムインターナショナル

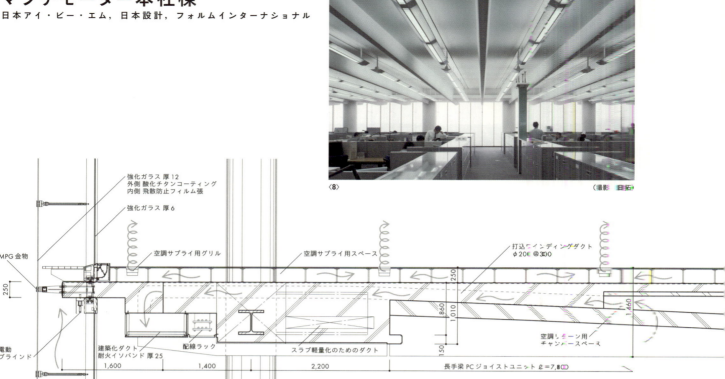

〈8〉

オフィス階断面　1／60

ロールして，暖房負荷や冷房負荷を軽減している。

内田　こうやって見ていくと，外断熱プラス通気を確保するというディテールがスタンダードになったのは確かですね。それが一般にも認識されてきた。

淺石　その一方でオフィスビルの変遷を見ていくと，60年代初めに「NCRビル」（吉村順三，1962年）でダブルスキンを採用された。おそらくこれがダブルスキンの最初期ではないでしょうか。サッシュを二重にして，どちらかというと暖房効率の向上をめざしたのではないかと思われますが，おそらくここから，同じ芸大出身の奥村昭雄さんが考案したOMソーラーの流れへと繋がっていくのでしょうね。

八木　「阿品土谷病院」（奥村昭雄＋野沢正光，1987年，95号）でバッジソーラーによる病棟を設計されていますね。屋根面に太陽コレクターの役をもたせて，ダクトを使って暖気を病室の床下へ送風する。このあたりがOMソーラーの初期ではないでしょう。

熱や光の制御で柔らかな室内環境づくりをめざしたここ10年くらいの事例として「マブチモーター本社棟」（日本アイ・ビー・エム，日本設計，フォルムインターナショナル，2004年，154号）〈8〉ではダブルスキンのカーテンウォールとPC床版で躯体蓄熱を行っていますし，「アシタノイエ」（小泉雅生／小泉アトリエ＋メジロスタジオ，2004年，164号）〈9〉ではハイテクともローテクともとれるような半透明の蓄熱パネル「スミターマル」を使った蓄熱障子壁が，温度変化を調整しつつ日本の障子のような雰囲気も醸し出しています。

淺石　光の通り方がまさに障子のようですよね。光を扱ったので印象的だったのは，「東洋沪機製造　グローバ

〈9〉「アシタノイエ」小泉雅生／小泉アトリエ＋メジロスタジオ　2004年　（写真提供：黒川泰孝）

東洋沪機製造 グローバル本社ビル
久米設計

⟨10⟩　　　　　　　　　　　　　　　（撮影：畑 拓）

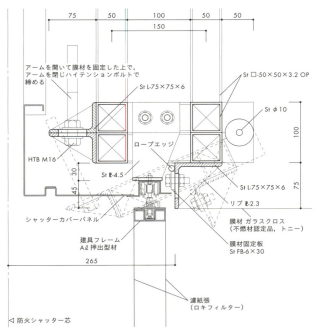

天井まわり断面詳細　1/6

ル本社ビル」（久米設計，2006年，170号）⟨10⟩です。ガラスクロスシートを張った全面光天井で，2層吹抜けの執務空間にトップライトから光が降り注ぎ，換気もきちんとできるようになっている。

八木　快適な大空間の実現ということで言えば，僕はとても暑い時期に「富山グランドプラザ」（日本設計，2007年，176号）⟨11⟩に行ったのですが，ガラスで覆われた大空間なのに暑くなく，快適でしたよ。

淺石　あの屋根面は厚み30㎜の強化合わせガラスなのですが，透明のガラスであってもそのくらいになると熱線吸収ガラス並みの性能になる。ですから，上空で蓄熱した熱を放射しても地上レベルへの影響はありませんし，垂直面のガラスは下見張りとして隙間をあけており，重力換気できます。

ただ，やはり地球全体で考えると，平均気温が上昇して暑くなったのを実感しますよね。ヨーロッパも暑くなりましたが，日本では都市部が亜熱帯化

富山グランドプラザ
日本設計

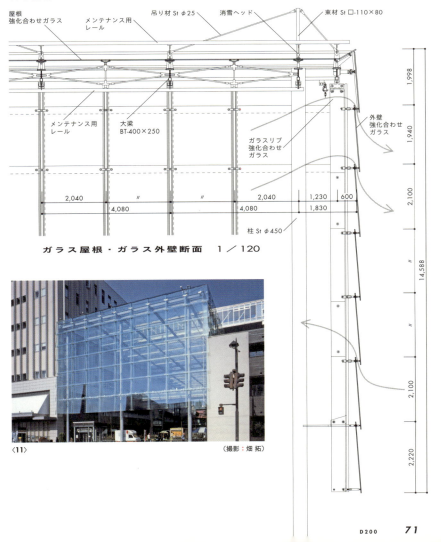

ガラス屋根・ガラス外壁断面　1/120

⟨11⟩　（撮影：畑 拓）

日建設計東京ビル
日建設計

〈12〉　　　　　　　　（撮影：彰国社写真部）

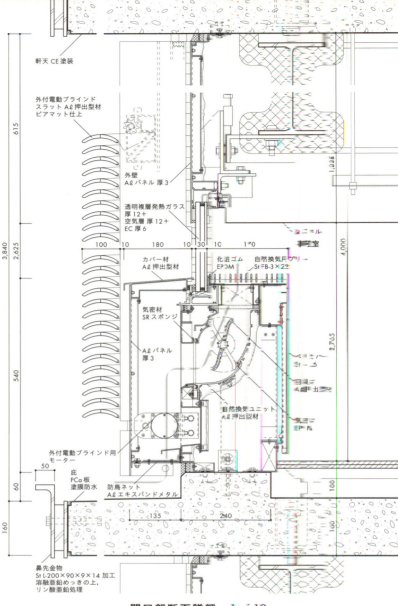

開口部断面詳細　1／10

している。

内田　寒さも酷くなっていますよ。これも温暖化の影響によるものらしいですが，この頃は特に気候がおかしくなっていますね。

淺石　ええ。そういう環境の変化の中で改めて思うのですが，昔はル・コルビュジエの影響もあってブリーズ・ソレイユや，ルーバー，ライトシェルフなど，真っ当なことが普通に行われていた時代があったわけです。その良さは変わることはなく，現代でも最先端の技術と上手に組み合わせた使用例が出てきています。「日建設計東京ビル」（日建設計，2003年，158号）〈12〉の外付け電動ブラインドを用いた環境制御もとても合理的で，まさにゴーヤのカーテンと同じです。ガラススクリーンの外側で熱負荷や採光の量を調整している。

沖縄の「糸満市新庁舎」（日本設計・糸満市建築士事務所特定4社共同企業体，2002年，153号）〈13〉では，南面にプレキャストコンクリートと太陽光発電パネルを組み合わせた水平ルーバーを設置して，沖縄特有の強い日射しを遮るとともに，先ほど内田先生がおっしゃられたような置き屋根の形式もとっています。

内田　近年，特に注目を集めたものは何でしょうか？

淺石　やはり話題になったのは，「ソニー株式会社　ソニーシティ大崎」（梨知彦＋羽鳥達也－石原嘉人＋川島範久／日建設計，2011年，191号）のバイオスキンでしょうね。それまではガラスのツルッとしたサーフェスをつくり，そのシールドの内側で環境制御をやろうと考えていたわけです。最近に

〈13〉「糸満市新庁舎」日本設計・糸満市建築士事務所特定4社共同企業体　2002年　写真提供：日本設計）

うではない方向，言い換えれば本来の
あり方に戻っているような気がしま
す。

八木 「ソニーシティ」では高保水性
の素焼きテラコッタをルーバーに使
い，太陽光発電の電力で雨水を循環さ
せて，気化熱効果で涼しくしているよ
うですね。

淺石 バイオスキンの周辺環境温度へ
の影響については BIM のシミュレーショ
ンでしか知りませんが，何よりもあれ
だけ大規模な建物でそういうことを
やった事例は，他には聞いたことがあ
りません。

リノベーションの時代へ

編集部 熱環境のコントロールに加え
て，近年では建物のリノベーションに
よってロングライフ化をめざした事例
が注目されています。まさにこれから
はそういう時代だと言えますが，一方
で，それがスピード感をもって普及し
ているかと言うと，必ずしもそうでは
ありません。皆さんはどのように感じ
ておられますか。

淺石 ライフサイクル CO_2 で考える
と，建物を壊すことによる CO_2 排出
量は相当なものです。だから，壊さな
いほうが圧倒的にいい。そういう意味
では，リノベーションをすること自体
がエコだと思います。

内田 やはり「壊さないほうがよい」
と僕も思いたいけれども，壊したほう
がコストが安くなる場合もありますよ
ね。にもかかわらず，エコロジーの点
からよくないというのは，エコノミー
とエコロジーが相反しているからだと
思う。

八木 再生するときも同じ建築基準法
が適用されるということが問題として
ありますよね。それと都市部に限って
言えば，建替え後は建替え前よりも大
きなボリュームの建物ができるといっ
た，容積率を緩和する法規的な変化の

ソニー株式会社 ソニーシティ大崎
山梨知彦 ✦ 羽鳥達也 ✦ 石原嘉人 ✦ 川島範久／日建設計

避難時の安全を担保したバルコニーの手摺は、高保水性素焼きの成70mm、奥行き110mmの楕円形多孔質テラコッタルーバーの内部に、太陽光発電の電力で雨水を循環させ、その気化熱効果で周辺と建物自体を冷却する方法が導かれている。「バイオスキン」と名づけられたこの手摺状スクリーンは、カビやコケの発生、凍結割れ、目詰まりへの対策など多くの検討がなされ、完成後の温度測定では、建物自体で晴天時10℃、曇天時4℃、地表面で2℃程度の気温低下を確認できたという。

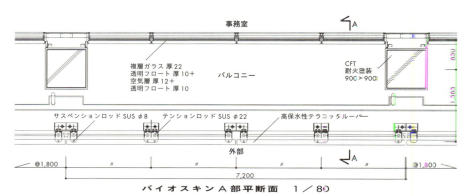

バイオスキンA部平断面　1/80

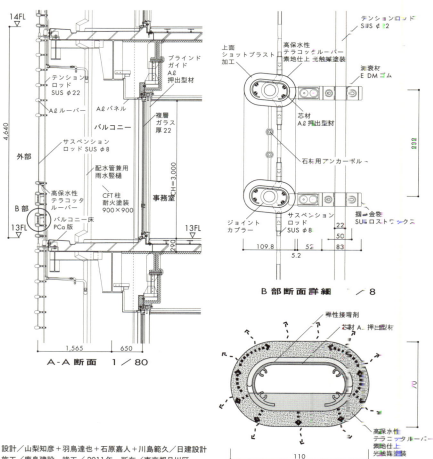

A-A断面　1/80

B部断面詳細　1/8

テラコッタルーバー断面詳細　1/3

設計／山梨知彦＋羽鳥達也＋石原嘉人＋川島範久／日建設計
施工／鹿島建設　竣工／2011年　所在／東京都品川区
撮影／畑拓

東京工業大学緑が丘1号館レトロフィット
東京工業大学安田幸一研究室＋竹内徹研究室，東京工業大学施設運営部，アール・アイ・エー，ビーエーシー

〈14〉　　　　　　　　　　　　　　（撮影：畑 拓）

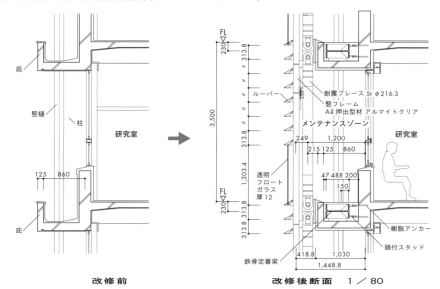

改修前　　　　　　改修後断面　1／80

九州工業大学製図室
古森弘一建築設計事務所

〈15〉　　　　　　　　　　　　　　（撮影：畑 拓）

断面　1／200

影響も大きい。もし，同じボリュームのものにしか建て替えられないとなれば，建替えよりも改修を選ぶほうが多いのではないでしょうか。

内田　なるほど。そういうことか。

淺石　リファイン建築を実践されている青木茂さんは，何の変哲もない普通の建物であるほどやりやすくて，「新しくつくるよりも安くできる」と言っています。袖壁などを取り壊し，耐震補強し，これら費用もすべて積算できるようにしている。これに新しい部分を付加したかたちで建築を再生している。それを見ていますと工夫の仕方によっては，きちんとできる。

最近のリノベーションの事例では「東京工業大学緑が丘1号館レトロフィット」（東京工業大学安田幸一研究室＋竹内徹研究室，東京工業大学施設運営部，アール・アイ・エー，ビーエーシー，2006年，169号）〈14〉があります。築40年くらいの既存校舎を耐震補強して長寿命化し，耐震ブレースにルーバーとガラス腰壁を取り付けた。あのルーバーは日射制御等に効果的です。

また，「九州工業大学製図室」（古森弘一建築設計事務所，2013年，197号）〈15〉がとても印象的でした。既存建物の外枠だけを残して，鋼板製で樹木を思わせるアトリエをつくった。軽快で，理にかなったやり方だと思います。

八木　各地でそのようなリノベーション事例ができている中，2020年の東京オリンピックが決まりましたから，「リノベーション・オリンピック」をやりたいですね。特に，ホテルの需要はあるでしょうから。

淺石　それは素敵なことですね。そもそも既存施設での開催を東京都は謳っていましたし。

内田　僕は現在の国立競技場はなかなかの名作だと思っていますが，当初のコンセプトのとおり，オリンピック終了後は元に戻せるようなかたちで開催できると本来はいいのでしょうね。「リノベーション・オリンピック」をめざして，ますます盛り上がるのを期待したいですね。

「今日のディテール」編集委員

内田祥哉
うちだ よしちか

1925年東京都生まれ。1947年東京帝国大学第一工学部建築学科卒業。逓信省，日本電信電話公社を経て，1970年東京大学工学部教授，1986年明治大学工学部教授。現在，内田祥哉建築研究室代表。東京大学名誉教授，工学院大学特任教授，金沢美術工芸大学客員教授。代表作に「佐賀県立九州陶磁文化館」（1981年，67号）など。連載に「三題噺」（166号-）がある。1号より本誌編集委員。

棚橋廣夫
たなはし ひろお

1939年東京都生まれ。1963年日本大学理工学部経営工学科卒業。大江修設計事務所などを経て，1969年エーディーネットワーク建築研究所設立。現在，日本建築家協会関東甲信越支部目黒地域会代表，同東京地域連携会議議長。代表作に「恵泉女学園蓼科ガーデン」（1993年，117号），「不二女子高等学校」（2004年，163・164号），「M's Core」（2012年，194号）など。22号より本誌編集委員。

押野見邦英
おしのみ くにひで

1941年東京都生まれ。1965年横浜国立大学工学部建築学科卒業。同助手を経て，1975年三宅建築設計社。現在，k/c design studio三宅。代表作に「八重洲ブックセンター」（1979年，59号），「東京海上ビル」（1990年，107号），「資生堂湘南工房」（1997年，136号），「洗足学園音大学Silver memoir & Red cliff」（2013年，195号）など。連載に「再びディテール」（15-77号）がある。1号より本誌編集委員。

深尾精一
ふかお せいいち

1949年東京都生まれ。1976年東京大学工学研究科博士課程修了。東京都立大学工学部助教授を経て，1995年同大学教授，2005年首都大学東京都市環境学部教授。現在，同大学名誉教授。代表作に「武蔵大学科学情報センター」（1988年，98号），「NEXT21」（1993年，119号），「繁柱の家」（1996年，131号）など。連載に「グリッドと設計作法」（116-123号）がある。103号より本誌編集委員。

松家 克
まついえ まさる

1947年和歌山県生まれ。1972年武蔵野美術大学造形学部卒業。椎名政夫建築設計事務所を経て，1988年ARX建築研究所設立。現在，武蔵野美術大学理事，「ArchiFuture」実行委員長。代表作に「カルビー本社ビル」（1987年，87号），桜ヶ丘の家（1998年），「久が原オープンハウジング」（2002年），著書に『インテリジェントビルの計画とディテール』（彰国社，1988年）など。103号より本誌編集委員。

八木幸二
やぎ こうじ

1944年愛知県生まれ。1969年東京工業大学建築学科卒業。大阪万博スイス館担当（洋藤建築設計室），東京工業大学工学部助教授を経て，1992年同大学教授。現在，京都女子大学教授，東京工業大学名誉教授。代表作に「トヨタ労組会館」（1992年），「雁の家」（2002年），「樹霊の家」（2004年）など。連載に「路地と中庭」（140-143号）がある。103号より本誌編集委員。

中山 章
なかやま あきら

1953年福島県生まれ。1975年日本大学工学部建築学科卒業。1989年中山章建築研究室設立。現在，東洋大学理工学部非常勤講師。代表作に「茅ヶ崎の家」（1994年，138号），「岡庭邸茶室」（2009年，191号），著書に『図説 日本の住まい』（建築資料社，2009年）など。連載に「木組の家入門」（139-148号），「実例に学ぶ民家 保存／再生のディテール」（151-160号）がある。135号より本誌編集委員。

淺石 優
あさいし まさる

1947年東京都生まれ。1970年武蔵工業大学建築学科卒業。1969年Space Design Group。1972年日本設計入社。2009年東京都市大学都市生活学部教授。現在，同大学院講師。代表作に「東京都多摩動物公園昆虫生態園」（1987年，97号），「富山市庁舎」（1992年，117号），「アクアマリンふくしま」（2000年，147号）など。連載に「超えてるディテール」（113-120号）がある。148号より本誌編集委員。

山梨知彦
やまなし ともひこ

1960年神奈川県生まれ。1984年東京芸術大学部建築学科卒業。1986年東京大学大学院都市工学専攻修士課程修了後，日建設計入社。現在，同社執行役員，設計部門代表。代表作に「木橋会館」（2009年，183号），「オキ美術館」（2011年，188号），「NBF大崎ビル（旧ソニーシティ大崎）」（2011年，191号），著書に『オフィスブック』（彰国社，2011年）など。196号より本誌編集委員。

住宅
ディテールの
半世紀

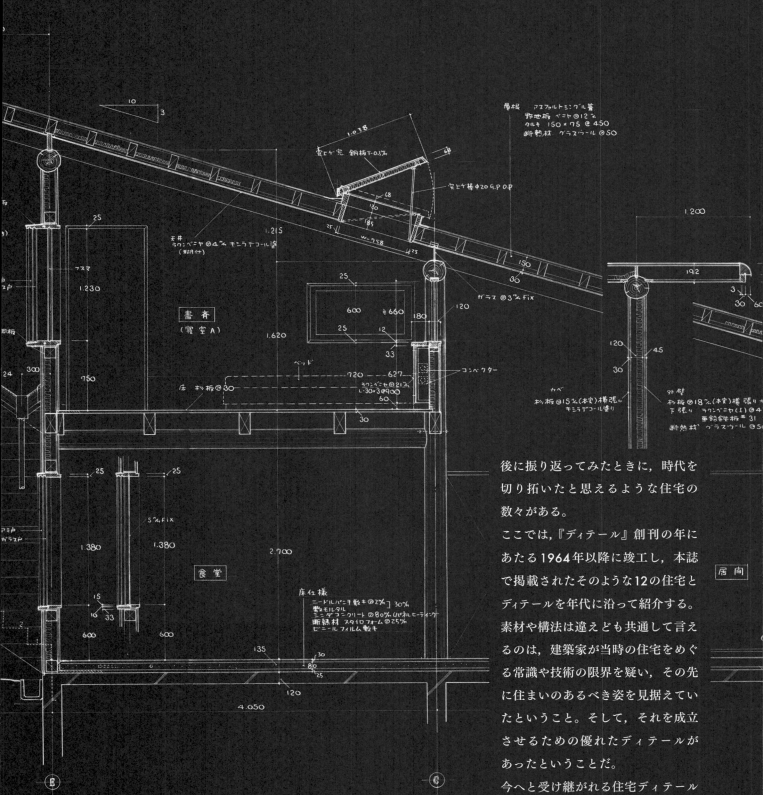

後に振り返ってみたときに，時代を切り拓いたと思えるような住宅の数々がある。

ここでは，『ディテール』創刊の年にあたる1964年以降に竣工し，本誌で掲載されたそのような12の住宅とディテールを年代に沿って紹介する。素材や構法は違えども共通して言えるのは，建築家が当時の住宅をめぐる常識や技術の限界を疑い，その先に住まいのあるべき姿を見据えていたということ。そして，それを成立させるための優れたディテールがあったということだ。

今へと受け継がれる住宅ディテール

呉羽の舎 | 白井晟一　1965
Residence on Kureha Hill　Seiichi SHIRAI

撮影：寸井修

ただ家は生活の容器に違いないが，紙袋や松の箱をつくるのならこれは建築家の仕事ではない。住む人の生活を守ることと同じくらい，その内生に関わることだということを忘れてはならんと思うのです。自分がつくらせてもらった家に住んでくれる人たちが胸をはって，この昏濁貧寒な環境におかされず，豊かで毅然とした生活意識が定着できるような空間をつくることが，何より大事な仕事だと信じていました。いろいろ抵抗もありましたが，骨太で簡明な素材と構法を，未熟ながら煎じ詰めてゆけたのも，少なくともそういった具体的な建築家としての良心がはっきりつかめていたからだと，ふりかえらせてもらいます。──「対談 木のはなし」『木』142号，1978年

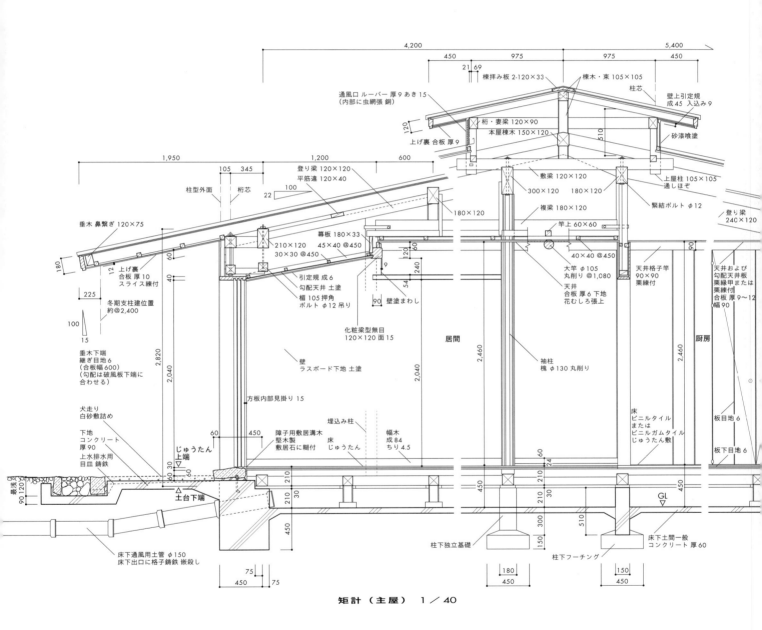

矩計（主屋） 1／40

開口部は思い切り大きくとられ，地盤面と床面に差がなく，たっぷりした見付け寸法をもつ柱型が壁と開口部を明瞭に区切ると同時に，単純な切妻形式をもつ大きくはり出した屋根面を力強く支え，妻面に三重に重なる屋根面の構成効果と相まって，まことに手際のよい快調な比例関係を現出している。（矢向敏郎）──『木造の詳細 3 住宅設計編』1969年，彰国社

撮影：彰国社写真部

天井高は低い部分で6尺80, 棟の部分で9尺80あるが，この棟を支えるかのように広間の中央に立つ八角形断面の独立柱は，まことに強烈にここにある純粋空間的な透明感を突き破って超越的な次元へと空間を引き上げる象徴的な役割を果している。(矢矧敏郎)
──『木造の詳細　3 住宅設計編』1969年，彰国社

撮影：村井修

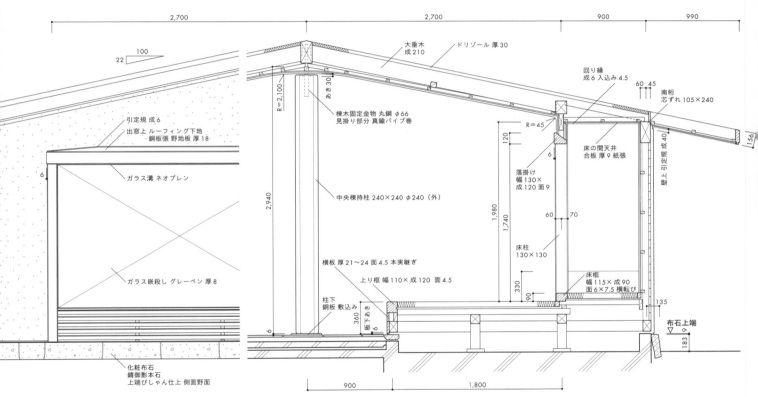

立面・矩計（書屋） 1／40

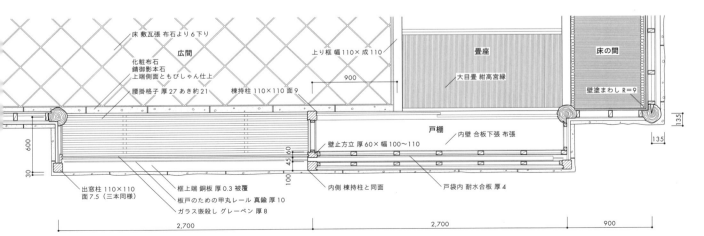

広間・畳座まわり平面詳細（書屋） 1／40

所在／富山県富山市　敷地面積／4,427.3㎡　建築面積／273.6㎡　延床面積／251.9㎡　構造／木造　規模／地上1階　『ディテール』39号掲載

撮影：彰国社写真部（85頁まですべて）

池田山の家 | 吉村順三 1965
House at Ikedayama　Junzo YOSHIMURA

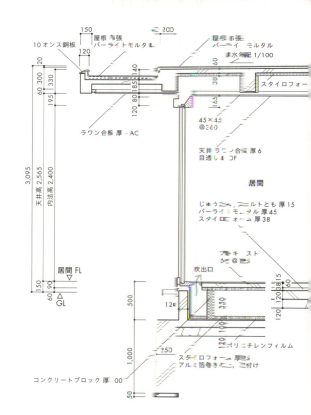

敷地中央に大きな欅を植え，それを中心とした植込みと舗装の庭をL型のRCの主屋が取り囲むコートハウス的住居である。いつもの持論通り天井ふところを減らすために，当時としては珍しい格子梁を採用している。この頃から使われ始めたシート防水を水勾配をもった屋根に直張りしているので，この格子梁を包んでスタイロで十分断熱をとり，主開口部には地下ボイラー室からの温風を床などから吹き出させる細かい仕組みがほどこしてある。庭との連続性をつくるために床はGLを切り下げて低く，縁によってつなげられている。──『吉村順三のディテール──住宅を矩計で考える』1979年，彰国社

よいプロポーションでおさまっている家，単純明快におさまっているシンプルな家，などはたいへん気持ちのよいものであるが，"よい住宅"というのは，形そのものよりむしろ，その家自体に"たまり"というか，重心のある居住空間のある家のことだと思う。

フィリップ・ジョンソンの自邸は1室空間のシンプルな形をした気持ちのいいものであるのだが，私はむしろその住居空間が使われ方によって，"たまり"を中心としていろいろと変化する魅力ある演出に感心したのである。"たまり"はそこで営まれるであろう家庭生活を豊かに楽しくするものである。それは昨今のレクリエーションにならないレジャーなどで心身をすり減らさずにもすむような場を家庭生活に与えることになるだろう。——「内側からのスタディ　住宅設計における私の方法」『新建築』1966年1月号

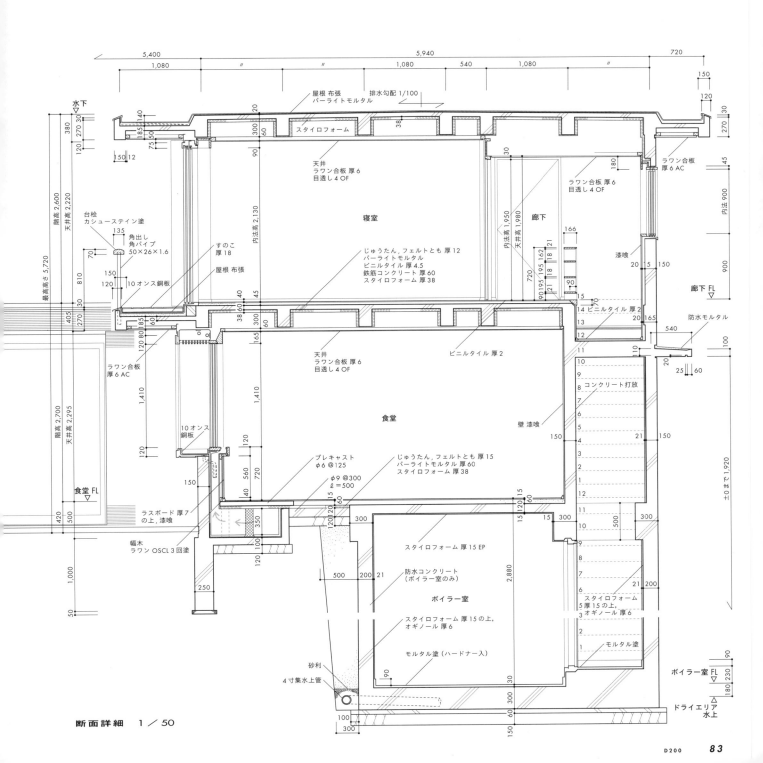

断面詳細　1／50

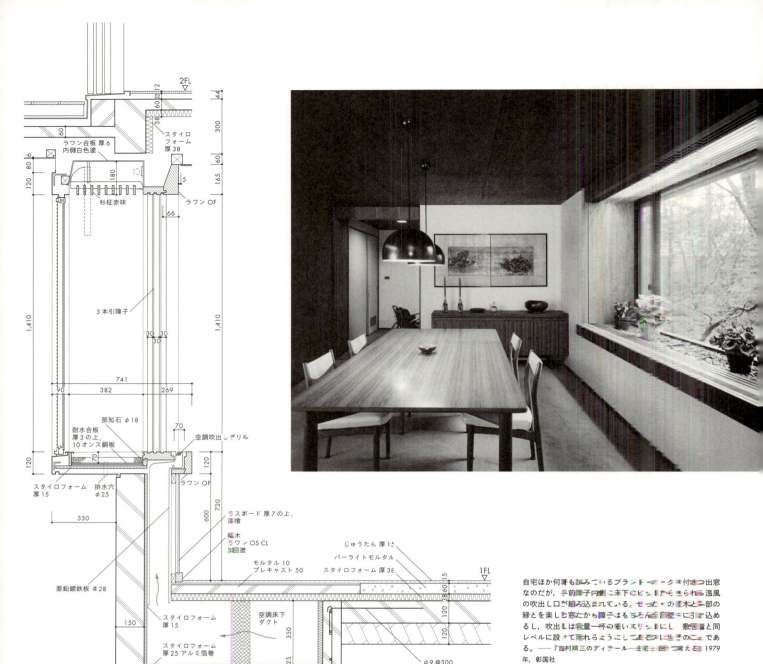

自宅ほか何軒も試みているプランターボックス付きの出窓なのだが、手前障子内側に床下にビルトインさせられた温風の吹出し口が組込まれている。セオリーの庭木と手元の緑とを楽しむ窓だから障子はもちろん全部壁に引込めるし、吹出口は容量一杯の細いスリットにし、敷居と同レベルに設けて隠れるようにしてあるところに注意のことである。——『吉村順三のディテール―住宅を肌で考える』1979年, 彰国社

食堂出窓まわり断面詳細　1／20

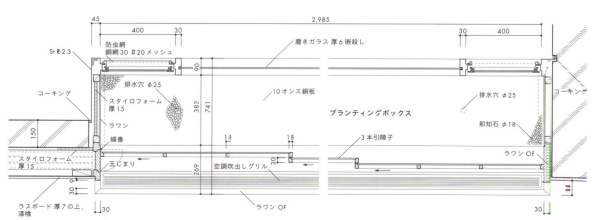

食堂出窓まわり平面詳細　1／20

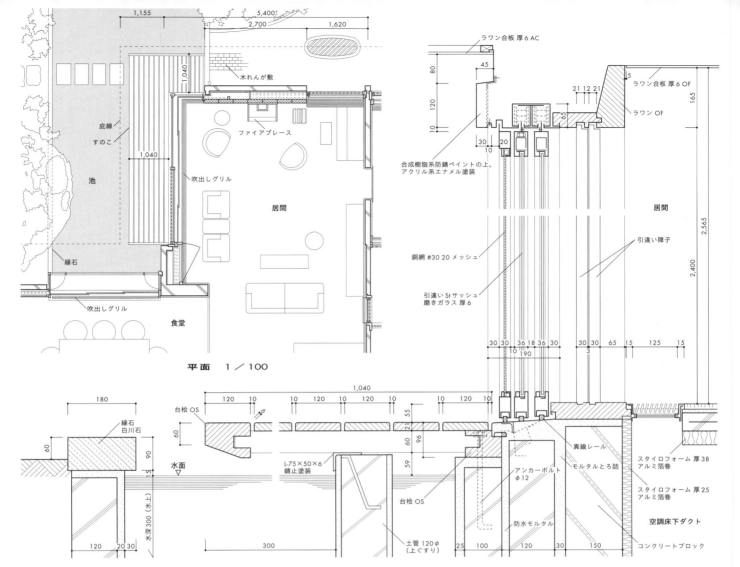

平面 1／100

居間開口部・ぬれ縁断面詳細 1／10

方南町の自宅で初め縁だけつくってみたけれど，皆あまり外に出ないので，縁先に浅い池をつくり，小さな橋をかけてみたら，皆がすぐ池の向こうの芝生に行きたがる。人間の心理というのは面白いものだ──という体験を以前にしていて，この家ではその体験を踏まえて開口部直前にやはり池を設け，その上にすのこのテラスをつくり，踏石で庭に出るようにした。

束は陶管を立て，アングルで上部をつなぎそれに根太をのせ，すのこが張ってある。連続感を強調するためFLとすのこ面のレベル差が75mm，すのこ面と水面のレベルも150mm。そのまま流れるように庭の芝生に連続する。

水面直上にあるのだから腐敗を考えてすのこは桧の21mm厚だが，取換えが楽なように建物本体とは縁を切っているのは当然。

池も地面からほんの少し（60mm）立ち上がった縁石すれすれで大げさに仕立てられてはいない。──『吉村順三のディテール──住宅を矩計で考える』1979年，彰国社

所在／東京都品川区　敷地面積／431.25㎡　建築面積／165㎡　延床面積／260.6㎡　構造／RC造　規模／地下1階・地上2階　『ディテール』8号掲載

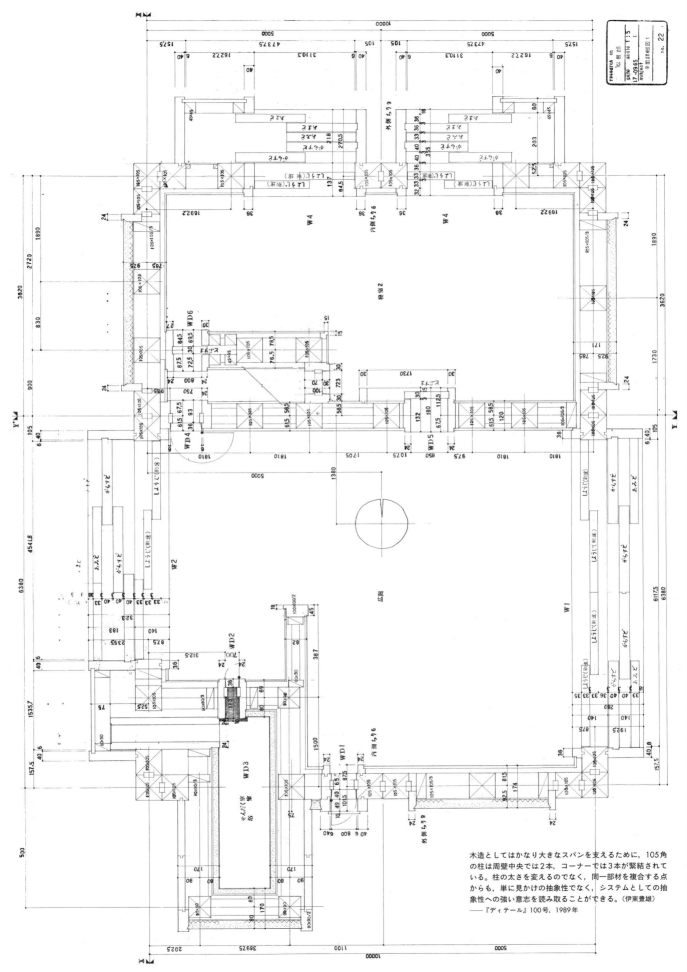

平面詳細 1／15

私は日本建築の空間のもつ様式に関心をもって最初から仕事をしてきた。そのなかから次第に抽象的な空間への指向が強まってきている。今の私の方法の基調は，むしろ，抽象空間の獲得にあって，これを支える表現手段として日本の様式があるように思える。住宅のもつ日常性を私は好まない。だが，このことは抽象的な空間が生活を排除することを意味しない。もちろん，生活を固定して考える怠惰な人々にとって抽象空間は住む場所にはならないだろう。しかし，人間の生活のもつ変革の可能性を信じる人にとって抽象空間は新たな日常性の空間となって戻ってくるはずである。──『建築文化』1967年7月号

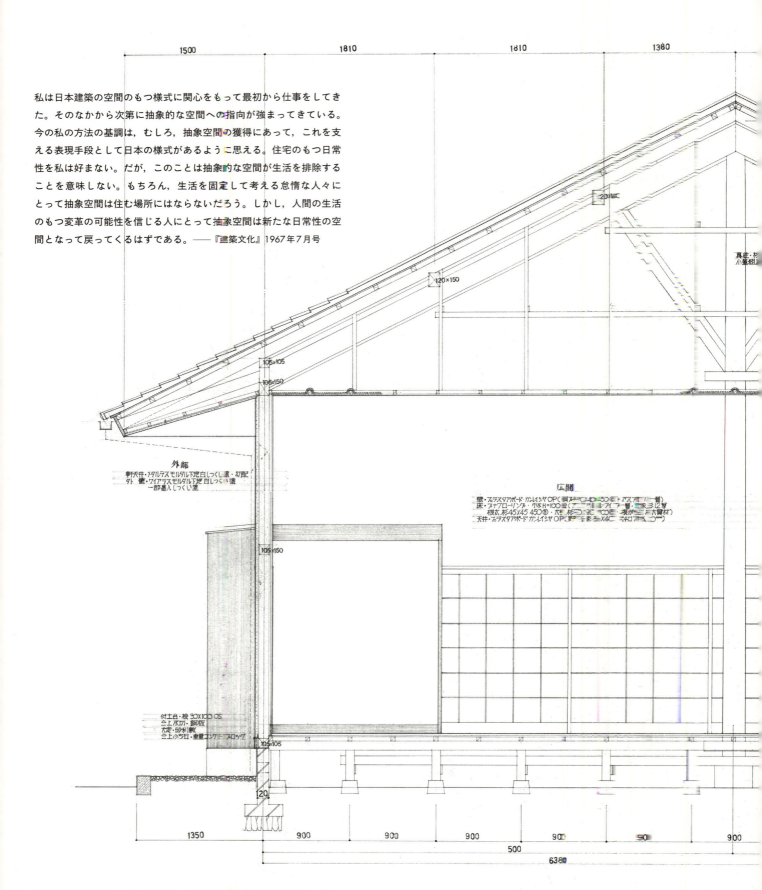

外壁や軒裏が漆喰で塗られているのに対し，広間や2階寝室の壁や天井はプラスターボード，寒冷紗OPで極めてプレーンに仕上げられている。面内に目地がないのは言うまでもないが，壁と天井の接する部分にも目地や回り縁は一切ない。扉の枠は内部では，すべて見付け24mm，障子の場合は36mmに統一され，内側のちりもわずか6mmに抑えられて抽象的な面と線の関係が保たれるように処理されている。（伊東豊雄）
──『ディテール』100号，1989年

断面詳細 1／40

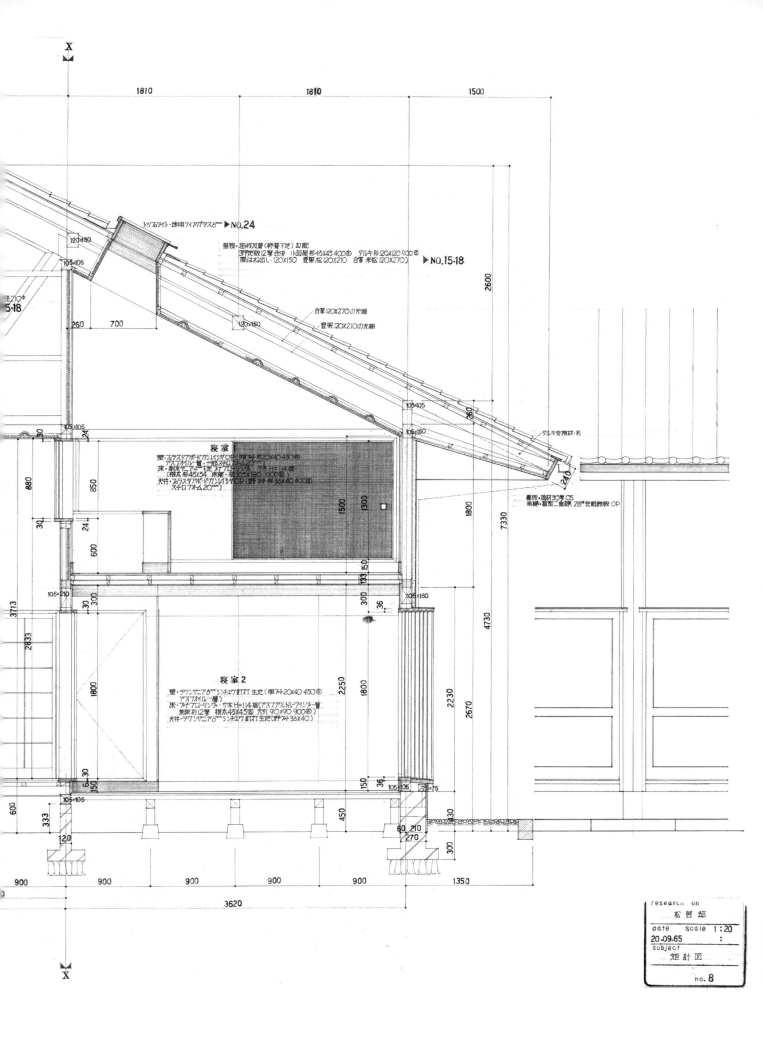

猪股邸 | 吉田五十八 1967
Inomata House Isoya YOSHIDA

だいたいわれわれのこういった日本建築というのは，壁だって，だれが見たって同じ壁だし，畳も，だれが見たって同じ畳でしょう。柱だって同じでしょう。ほとんど同じなんだ，使っている材料は。私がやろうがだれがやろうがね。色はないし，材料は決まっているし，どこが違うか。結局，それは，もののありどころ，プロポーション，寸法の厚いか薄いか，柱の太さ，天井の高さ。そういうもので，いいか悪いかが出てくる。材料はだれがやっても同じなんだ。だから，非常に難しいんですよ。同じ材料を使ってよくしようということだから，毛ほどの寸法の違いがそこに出てくるわけです。たとえば障子の組みぐあいにしても，5厘違ったら，大変なことです。5厘太くても細くても。そういう問題が出てくるわけです。材料が同じ，高さが同じ，広さがだいたい似ているでしょう。結局違うところはなんにもないんだ。毛ほどの寸法の違いだけですよ，違うところは。案外，普通の人はそれほど厳しく考えてないわけだ。――「座談 美の伝統と創造」『現代日本建築家全集3 吉田五十八』1974年，三一書房

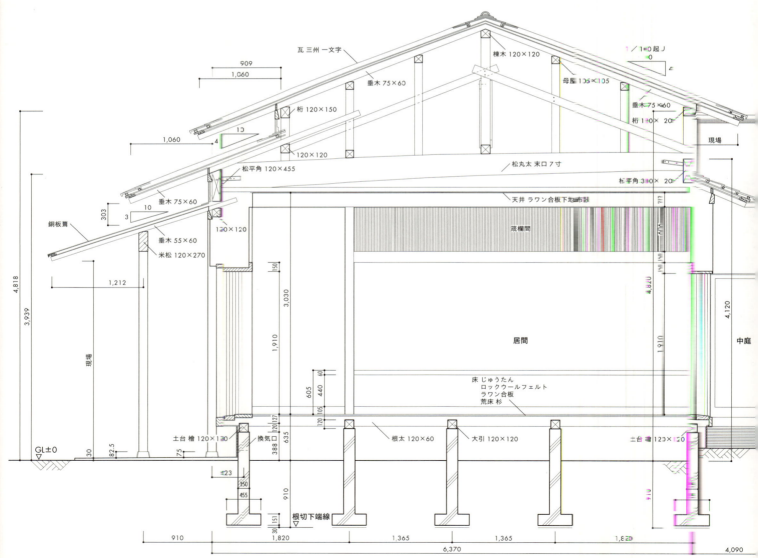

断面詳細　1／50

撮影：新建築写真部

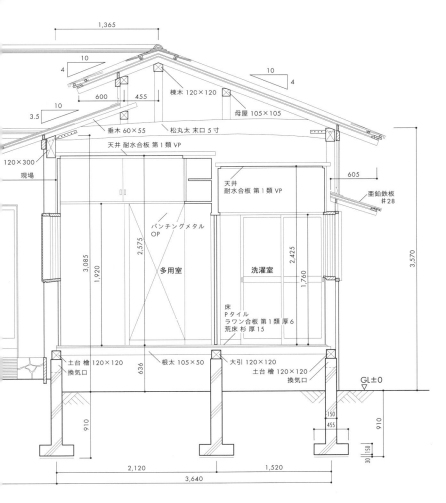

各屋根には、瓦の柔らかな表現を出すため、わずかな起りをもたせている。（中略）屋根の重なり部分は、できるだけ近づけるため、場所により、下側の瓦を仕上げてから、上側の野地板をのせることもある。
中庭の屋根が高くなり、大きな壁になることを避けるため、中庭側への勾配屋根に銅板葺きの下屋をとり、壁のプロポーションと採光の条件をよいものにしている。南側土庇の縁桁は心にT字型の鉄骨の補強をし、断面が大きくなるのを防いでいる。
見えがかりの柱として、外部まわりは米松の無垢材、内部接客部分は杉積層材を心に松柾材練付け、和室まわりは吉野杉の無垢材、茶室まわりは能登材を用いている。構造用野柱には桧または杉の心持ち材を使っている。（野村加根夫）――『ディテール』47号，1976年

柱の見えがかり太さは各室の大きさに合わせ決定される。しかし、面取りのプロポーションは常に一定で、柱太さの1/10が面越し寸法となっている。居間には差鴨居と堅繁の箴欄間を用い、力強い単純性を狙っている。雨戸・網戸・ガラス戸・障子各2枚の建具を閉めたとき、その間から戸袋の中が見えないよう、おのおのの外側の建具には添え板が付いている。雨戸は標準であるが、網戸・ガラス戸・障子の上下の框の含みは通常と反対になっている。内側から見た場合、このほうが見苦しくない。敷居下側は換気のため、清水葦のすだれを下げているが、内側の通りの基礎をカバーしているので、奥深く、建物の足元をすっきりさせている。(野村加根夫) ──『ディテール』47号, 1976年

写真：彰国社写真部（2頁とも）

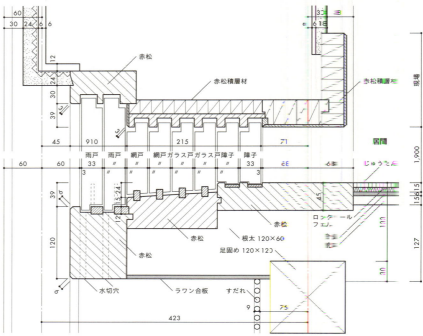

居間南側枠まわり断面詳細　1/6

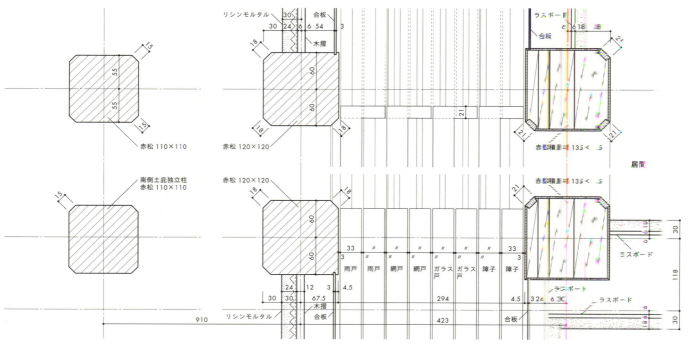

居間南側枠まわり平面詳細　1/6

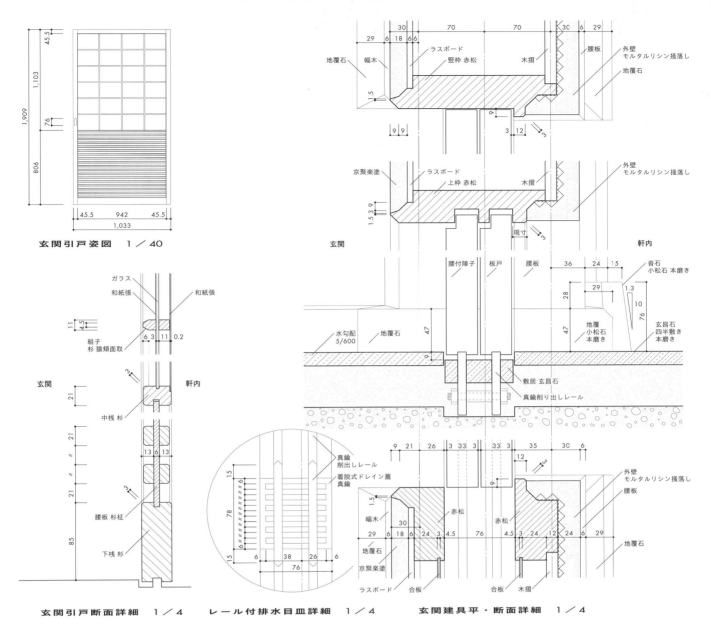

玄関引戸姿図　1／40

玄関引戸断面詳細　1／4　　レール付排水目皿詳細　1／4　　玄関建具平・断面詳細　1／4

内側の枠の八掛け納まりは，接客部分・居住部分ですべて共通のディテールになっている。この形状は木工，左官工の技術の可能性と耐久性の相克の結果決定されたものといえよう。玄関の床は5／600，すなわち，6尺で5分の勾配で入口部分に流れ，レールの一部に取外し可能な排水のためのレール付目皿を設け，その下に水抜きをとっている。一見障子張りのみに見える玄関片引き戸であるが，内側障子は透明ガラスにより裏打ちされ，上框の間から落とし込まれている。外側にはさらに障子が張ってある。夜間は障子戸の外側に片引き戸を引き出してロックする。（野村加根夫）──『ディテール』47号，1976年

所在／東京都世田谷区　敷地面積／1,861㎡　延床面積／305.84㎡　構造／木造　規模／地上1階　『ディテール』47号掲載

続 私の家 | 清家清 1970
Seike House II　Kiyoshi SEIKE

住宅という建築物と，それ以外の建築物，たとえば鶏舎，豚舎はもちろん，さらに工場とか，公会堂とかデパートとか，オフィスビルというような施設は，何か本質的に違った評価がされてよい。住生活というのは，他の生産手段や商工業と違って，消費生活であり，経済的な観点からすれば，生きること自体マイナスなことになる。だから，元来住むということは，不経済のことであって，現在時点住むということばの意味が，古語のような性生活だけの意味でないとしても，なかなかそれを金銭で評価できる筋の事象でないからだ。（中略）
だいたい不経済で筋の通らぬ態のものであるとされて，戦争反対とか，なりふりかまわず働くという類のエコノミカルな生活が，現在時点の美徳とされている以上，住宅をエコノミカルな産物でないとする考え方は，住宅産業の信奉者にとって，危険思想とされるおそれは十分ある。しかし，結論を急ぐとすれば，これからの住宅はエコノミカルな対象ではなくて，エコロジカルな対象にならなければならないのではなかろうか。——「これからの住宅」『ディテール』40号，1974年

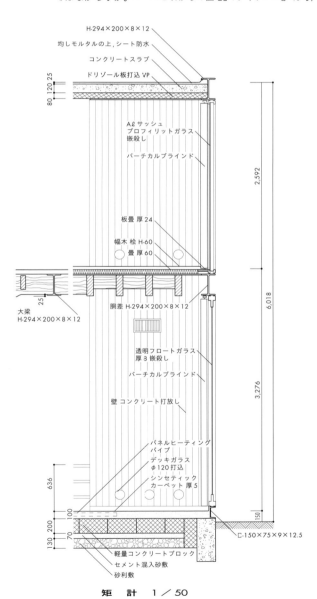

矩計 1／50

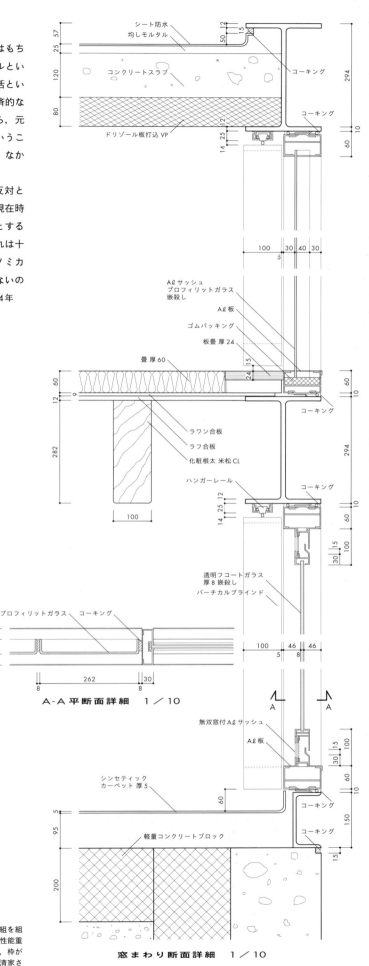

A-A平断面詳細 1／10

窓まわり断面詳細 1／10

重量鋼の全溶接のフレームの中にRCの壁や屋根版を打ち込み鉄骨と木造で2階床組を組むという，部位別に材料を変えた混構造の例。昔から枠まわりでもスチールと木を性能重視という立場で自由に組んでいるが，外壁の焼き杉板もRC壁の上に張ってあって，枠がRCだったり，プロフィリットと引戸を併用したり，この家の自由闊達さもそんな清家さんらしさがある。（宮脇檀）——『ディテール』39号，1974年

所在／東京都大田区　敷地面積／約1,000㎡　建築面積／75㎡　延床面積／190㎡（主屋）　構造／S造＋RC造＋CB造　規模／地下1階・地上2階　『ディテール』39・40号掲載

目神山の家1「回帰草庵」 石井修 1976
House in Megamiyama No.1　Osamu ISHII

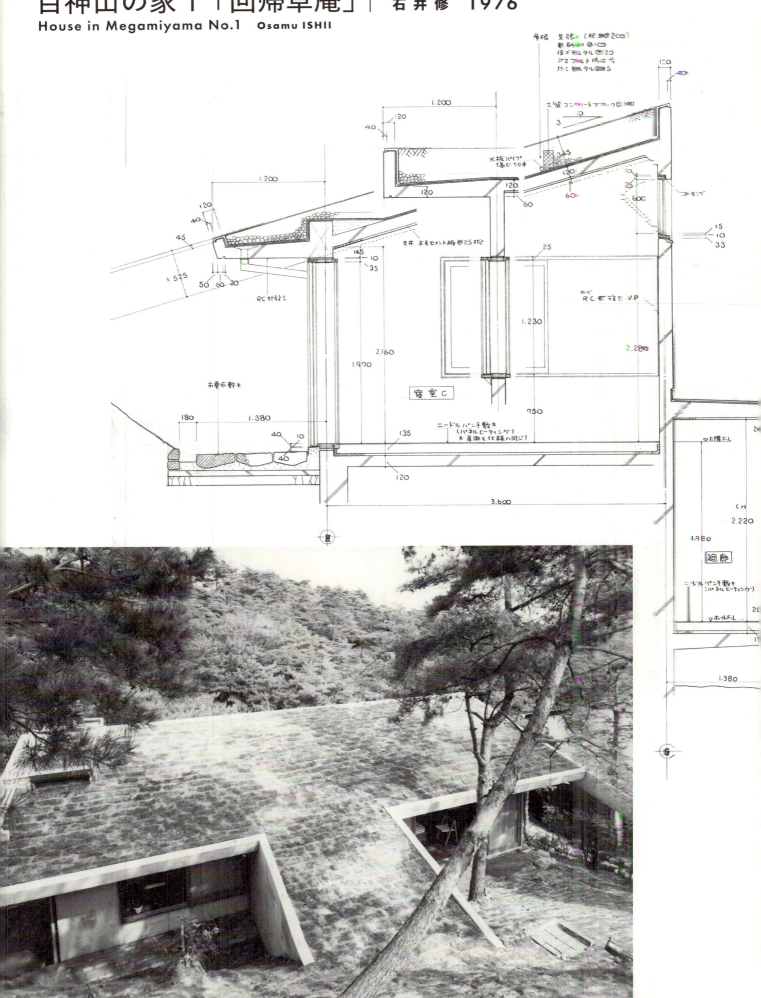

住吉の長屋 | 安藤忠雄 1976
Row House, Sumiyoshi　Tadao ANDO

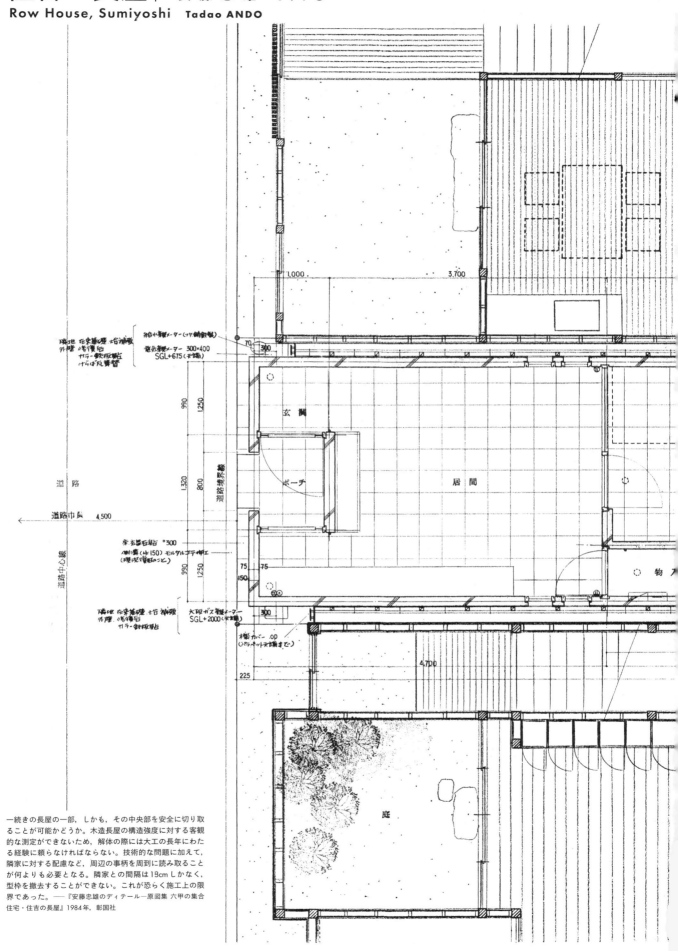

一続きの長屋の一部，しかも，その中央部を安全に切り取ることが可能かどうか。木造長屋の構造強度に対する客観的な測定ができないため，解体の際には大工の長年にわたる経験に頼らなければならない。技術的な問題に加えて，隣家に対する配慮など，周辺の事柄を周到に読み取ることが何よりも必要となる。隣家との間隔は19cmしかなく，型枠を撤去することができない。これが恐らく施工上の限界であった。──『安藤忠雄のディテール─原図集 六甲の集合住宅・住吉の長屋』1984年，彰国社

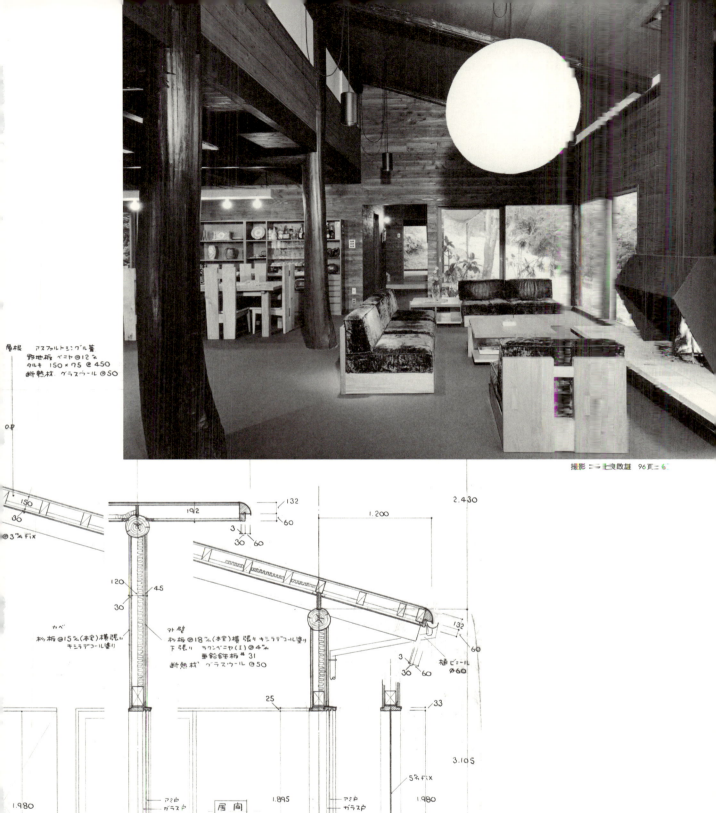

撮影＝北良敏雄 96頁ニモ

屋根　アスファルトシングル葺
　　　野地板 ベニヤ⑫%
　　　タルキ 150×75 @450
　　　断熱材 グラスウール⑩50

カベ
杉板⑮%(本実)横張り
キシラデコール塗り

外壁
杉板⑱%(本実)横張りキシラデコール塗り
下張り ラワンベニヤ(Ⅰ)④%
亜鉛鉄板#31
断熱材 グラスウール⑩50

居間

屋根は傾斜する地形に沿った形の切妻屋根になっていて，風雨に対処するため，軒の出は深い。コンクリート部分は打放し，木造部分は杉板張りの下見，または漆喰塗りの真壁になっている。屋根を支える二本の太い杉丸太柱は室内外に露出して，大地から生え出た巨木のように見せて，周辺の自然環境になじませている。
——『ディテール』96号 1988年

人は家をつくって暮らすことには違いないが，また，人はその場所（土地）に住みつくのだといえる。（中略）
星や月を眺めることのできる天窓，木もれ日がさしこむガラス戸，柔らかな光が落ちてくる紙障子の天窓などがつくられていて，自然の移ろいを室内にもたらしてくれる。また室内での生活を便利よく快適にするために，いろいろなディテールが工夫される。夏を涼しくすごすため，木立ちの下を通り抜けてくる涼風をみちびくための開口部，断熱機能を高めるため土をのせた屋根は屋上庭園や家庭菜園に使われる。壁やトップライトには，つる性植物をはわせて日ざしを調節する。冬を暖かくすごせるように全室が床暖房になっているが，あかあかと燃える火を楽しむための暖炉もつくってある。こうしたさまざまなディテールは，自然とかかわった生活のなかから生まれてくる。
住居とは，人と自然をつなぐものとしてつくられることで，人々が楽しく暮らせる家となるのではなかろうか。
——「住まいは人と自然をつなぐもの」『ディテール』96号，1988年

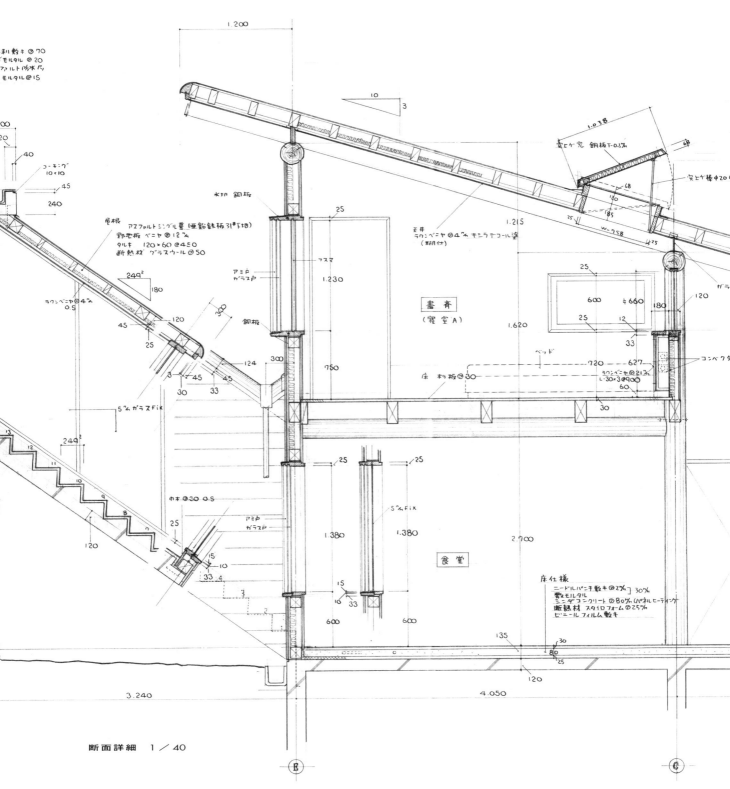

断面詳細　1／40

所在／兵庫県西宮市　敷地面積／580.98㎡　建築面積／203.53㎡　延床面積／241.66㎡　構造／木造＋壁式RC造　規模／地上2階　図面提供／美建設計事務所　『ディテール』96・167号掲載

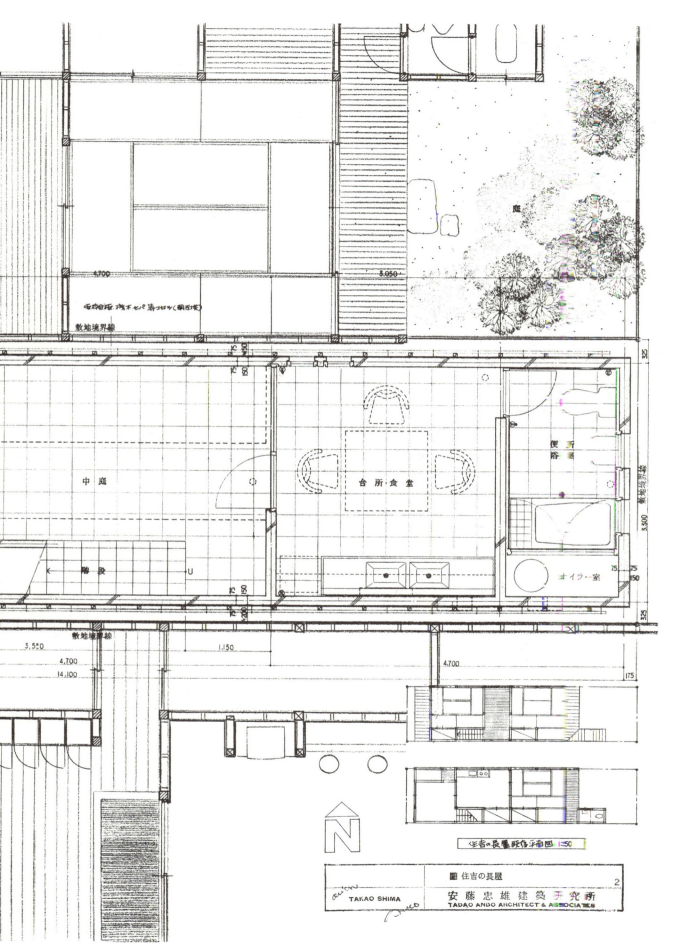

1階平面詳細 1／50

撮影：彰国社写真部（102頁まですべて）

「住吉の長屋」は間口2間，奥行8間という狭さで，さらに三軒長屋の真中を切り取って建て替えるという厳しい条件の下にあった。私は，そこにコンクリートの箱を挿入し，ファサードは完全に閉ざし，内部を均等に3分割して中央に光庭を取った。この狭い空間をつくり出す過程で，極限に近いほどの諸条件が私に教えてくれたものは，実に豊かであったように思う。狭くローコストであるが故に，基本的なものだけを見抜くことが大切になる。生活の仕方においても，物のスケールにおいても，そしてそこに住む人間の精神力，体力においても，その限界を思い知ることができた。削り取るだけ削り取り，本当に必要なものだけでつくられた簡素な生活空間から得られる豊かさは，ある意味で物の溢れた現代文明に対する一つの問いかけになるであろう。──『安藤忠雄のディテール─原図集 六甲の集合住宅・住吉の長屋』1984年，彰国社

この扉は，縦横の框を構成する交差したH鋼と鉄板とだけから成る。意図を突き詰めて簡明にし，図面上も実際上も単純なものとするには，それに反比例する施工精度の高さが要求される。仕上がりを左右するのは，框の接合部における溶接である。この部分を，工業製品としてのH鋼そのものの精度に近づけることが求められた。
——『安藤忠雄のディテール—原図集 六甲の集合住宅・住吉の長屋』1984年，彰国社

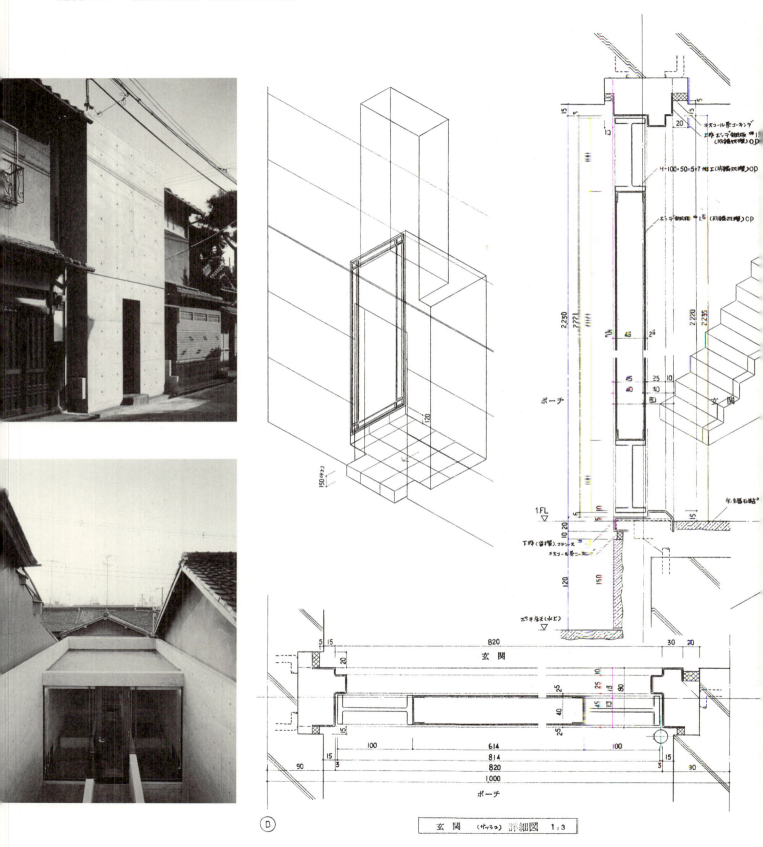

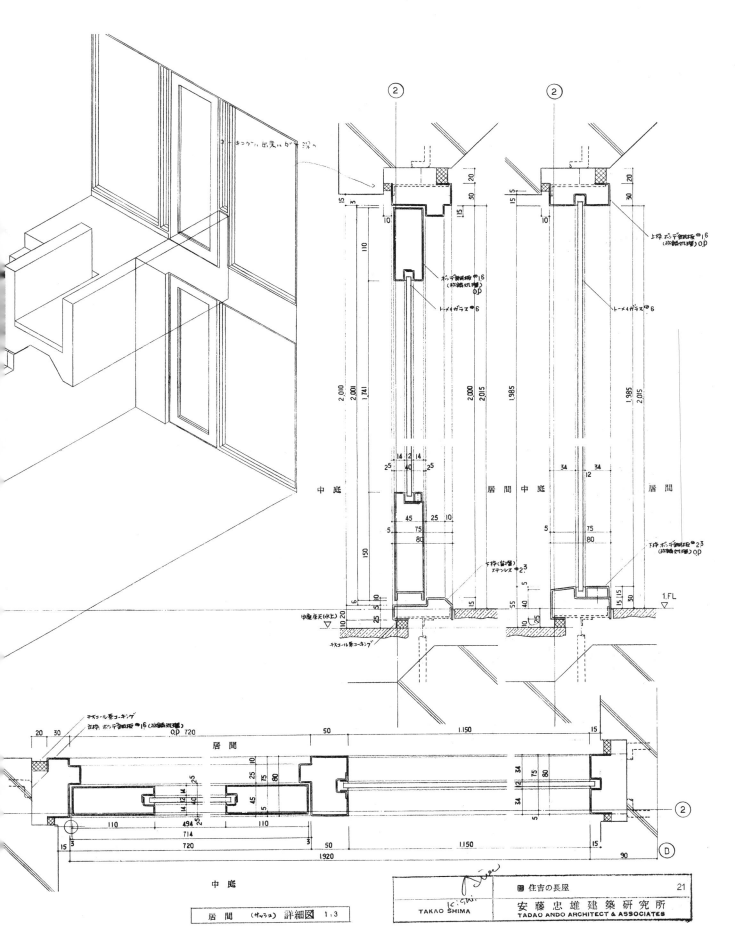

サッシュまわり詳細（玄関・居間） 1/5

私たちの家 | 林昌二・林雅子 1978
Our House　Syoji HAYASHI, Masako HAYASHI

構造基準の改変によって，既存のブロック造に加重をかけずに屋根を架けなければならなかった2階をつくった増築の例である。
新設のRC造部分から木造のトラスを片寺ちではね出し，一方，既存の屋根に置いた人型のサッシをエクスパンション部分として，空間を覆っている。したがって，サッシは全体にわたって屋根とは無縁に横に連続し，2階の部屋の間仕切上部も天井とは縁を切ってガラスの嵌殺しにしてある。屋根面の剛性は，野地板のコンパネと天井の合板とでとって，火打梁を省いている。（林雅子）
──『林雅子のディテール──空間の骨格』1985年，彰国社

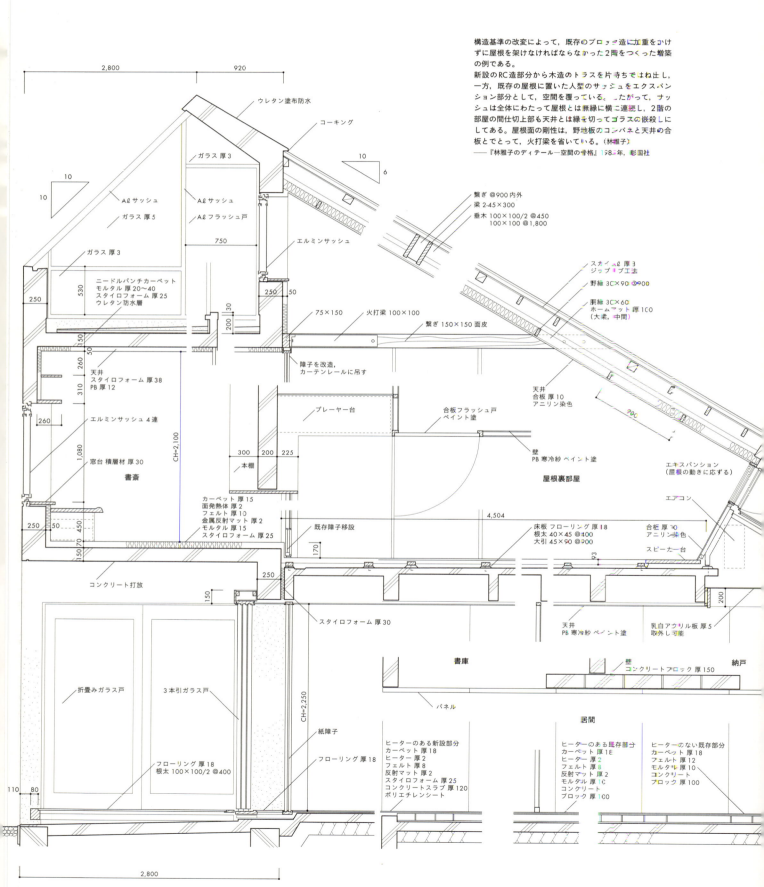

断面詳細　1／40

撮影：村井修

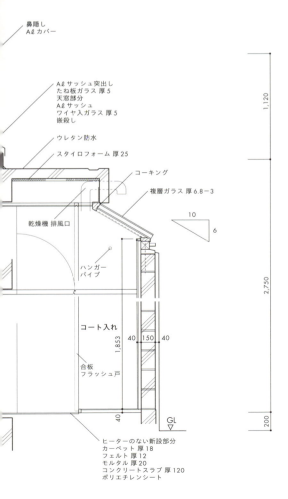

家の構造は単純なほどよい。

建築としては大まかな囲いをつくるに留め，内部は好き勝手に使うというほどの，ゆるやかな住まい方がよいと思います。

リビングは面積の何パーセント，厨房はUとかLとか，住居設計の教科書に記されている方法論は，不特定の相手に対する公約数としては役立つとしても，それぞれに家庭の事情を背負った生活者に対して意味のあるものではありません。リビングのない家があってもよいし，家じゅう台所のような家があってもおかしくないのです。

私たちの場合は，時としては家じゅうが仕事場になり，数時間後には家の半分ほどが台所になる，という風変わりなものです。普段はふたりの家族が，素泊りのホテルのように使うだけであって，一方，来客があるとなると数十人が押しかけてくる——いや，お招きするというべきですが——という激変に応じられる家でなければなりません。

（林昌二）——「暮らしから住まいへ」『新建築』1981年2月号

D200 105

撮影:村井修

撮影:彰国社写真部

所在/東京都文京区　敷地面積/369㎡　建築面積/143㎡　延床面積/238㎡　構造/RC造+木造(屋根)+CB造(既存部分)　規模/地上2階・塔屋1階　『ディテール』82・103号掲載

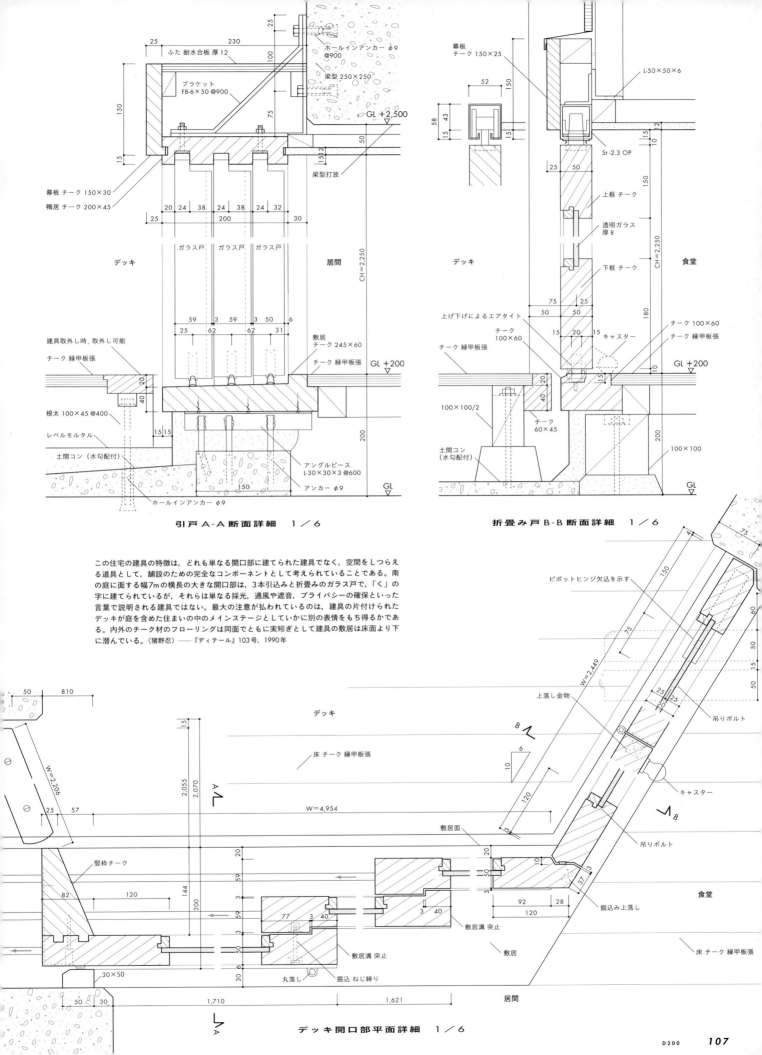

引戸 A-A 断面詳細　1／6

折畳み戸 B-B 断面詳細　1／6

この住宅の建具の特徴は，どれも単なる開口部に建てられた建具でなく，空間をしつらえる道具として，舗設のための完全なコンポーネントとして考えられていることである。南の庭に面する幅7mの横長の大きな開口部は，3本引込みと折畳みのガラス戸で，「く」の字に建てられているが，それらは単なる採光，通風や遮音，プライバシーの確保といった言葉で説明される建具ではない。最大の注意が払われているのは，建具の片付けられたデッキが庭を含めた住まいの中のメインステージとしていかに別の表情をもち得るかである。内外のチーク材のフローリングは同面でともに実矧ぎとして建具の敷居は床面より下に潜んでいる。(猪野忍)　——『ディテール』103号，1990年

デッキ開口部平面詳細　1／6

横尾ボックス 宮脇檀 1979
Yokoo Box　Mayumi MIYAWAKI

撮影：村井修

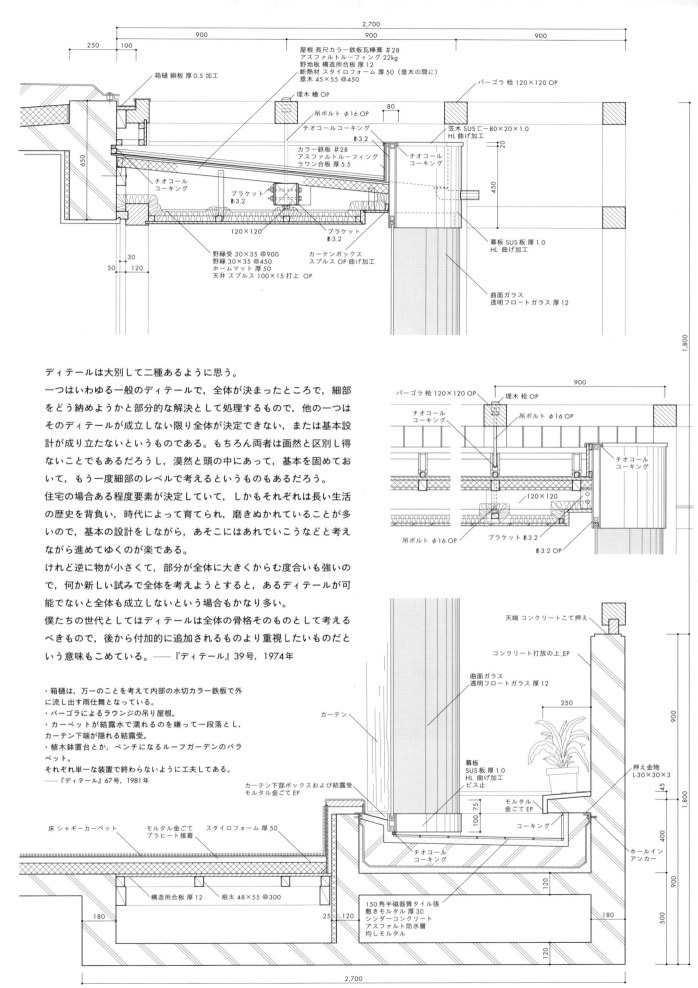

ディテールは大別して二種あるように思う。
一つはいわゆる一般のディテールで，全体が決まったところで，細部をどう納めようかと部分的な解決として処理するもので，他の一つはそのディテールが成立しない限り全体が決定できない，または基本設計が成り立たないというものである。もちろん両者は画然と区別し得ないことでもあるだろうし，漠然と頭の中にあって，基本を固めておいて，もう一度細部のレベルで考えるというものもあるだろう。
住宅の場合ある程度要素が決定していて，しかもそれぞれは長い生活の歴史を背負い，時代によって育てられ，磨きぬかれていることが多いので，基本の設計をしながら，あそこにはあれでいこうなどと考えながら進めてゆくのが楽である。
けれど逆に物が小さくて，部分が全体に大きくからむ度合いも強いので，何か新しい試みで全体を考えようとすると，あるディテールが可能でないと全体も成立しないという場合もかなり多い。
僕たちの世代としてはディテールは全体の骨格そのものとして考えるべきもので，後から付加的に追加されるものより重視したいものだという意味もこめている。──『ディテール』39号，1974年

・箱樋は，万一のことを考えて内部の水切カラー鉄板で外に流し出す雨仕舞となっている。
・バーゴラによるラウンジの吊り屋根。
・カーペットが結露水で濡れるのを嫌って一段落とし，カーテン下端が隠れる結露受。
・植木鉢置台とか，ベンチになるルーフガーデンのパラペット。
それぞれ単一な装置で終わらないように工夫してある。
──『ディテール』67号，1981年

パーゴラ・ラウンジピット出窓断面詳細　1／20

所在／千葉県市川市　敷地面積／211.4㎡　建築面積／43.33㎡　延床面積／71.01㎡　構造／壁式RC造　規模／地上2階　『ディテール』67号掲載

シルバーハット｜伊東豊雄 1984
Silver Hut　Toyo ITO

撮影：大橋富夫

この建物の基本的な構成は，3.6m間隔を原則とするコンクリートの独立柱と，その上にのる鉄骨の浅いヴォールト屋根よりなる。これらの柱間やそれに合わせたヴォールトの大きさは，各スペースの性格により修正が加えられ，結果として大小7つのヴォールト屋根による独立した小さな家の集合体，すなわち集落のイメージをも併せもっている。太いコンクリートの柱と強く対比するこの軽やかな鉄骨のヴォールト屋根は，各菱形のユニットが工場で製作され，現場ではそのユニットをボルトで止めるだけのもので，この住宅の仮設的な雰囲気を最も強く性格づけている。

この屋根の下に広がるスペースはそれぞれ最小限度に仕切られているが，多くはアルミパンチングメタルやガラスなどの材料が選択されている。中央に位置するコートは，南面のファサードに設けられたアルミパンチングスクリーンと開閉可能なテントにより通風や日照の調節を行いながら，季節と天候に応じた半屋外のリビングスペースとして多様に使われる。
――『伊東豊雄／ライト・ストラクチュアのディテール』2001年，彰国社

所在／東京都中野区　敷地面積／403.46㎡　建築面積／119.99㎡　延床面積／138.81㎡　構造／RC造＋S造（屋根架構）　規模／地上2階

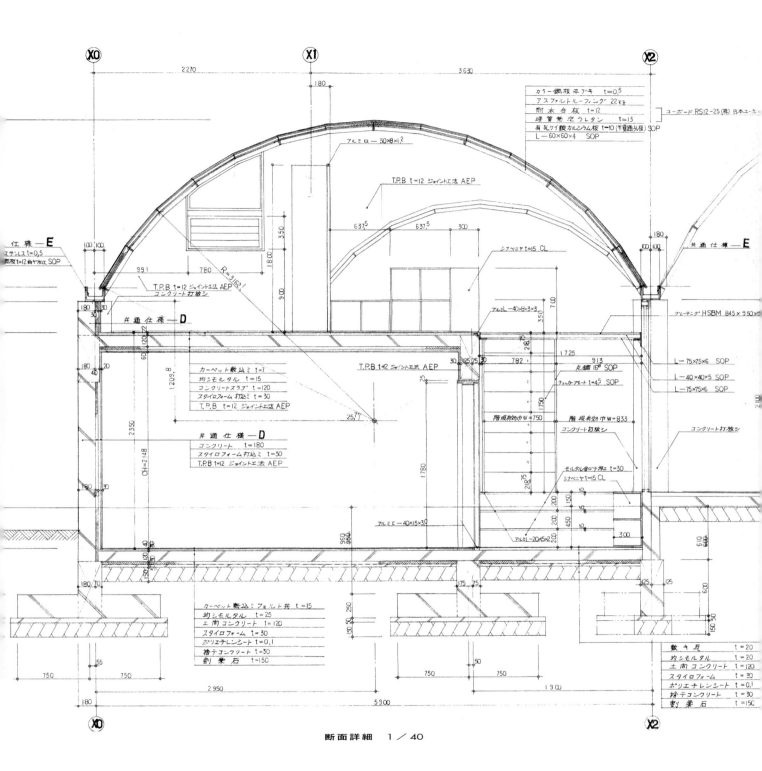

断面詳細　1／40

屋根構造のスチールアングルは，スパンに応じて三つのサイズが使い分けられている。菱形に溶接されたアングルは，「く」の字に折り曲げられており，順次ボルトで接合していくことにより架構の安定を得ている。敷地の状況からも，これらのユニットは人力で運搬可能な重量に抑えられている。その上は，吸音と断熱性能を有する屋根パネルが張られた。この工法では可能な限り2次部材を除くことで屋根の軽量化を図るとともに，構造材を含め8cmという薄い皮膜のような架構を可能としている。──『伊東豊雄／ライト・ストラクチュアのディテール』2001年，彰国社

House SA | 坂本一成 1999
House SA　Kazunari SAKAMOTO

撮影：新建築写真部

建築，特に住宅ほど制度化された空間はないと常々感じてきた。歴史の中で，また風土的条件の中で類型化された空間は制度化されてきた。私たちの社会が成立するためのさまざまな制度を否定するものではないとしても，この類型化した空間的制度に対して快く思わぬ者は私ばかりではないはずだ。環境を形成する空間は，そうした固定化された強い制度の中の空間ではなく，もっと自由で開放的かつ解放的な空間でありたいと思ってきた。

House SAで何をつくろうとしたかを一言で述べねばならないとすれば，こうした制度化された特定の秩序，固定化された類型を相対化し，新たに組織化された環境の形成であろう。言い換えれば，心身ともに解放される空間であり，特定の枠組みの秩序に回収，収斂されない自由な精神と身体を保持できる場を求めた結果と考える。閉じた空間の開放を超えて，制度化された空間の解放へ，と言える。
——「制度化された建築空間の解放」『建築文化』1999年8月号

梅林の家 ｜ 妹島和世 2003
House in a Plum Grove　Kazuyo SEJIMA

開口には基本的にはドアやガラスはなく，猫や子供たちの出入口になったり，音楽が開口を通して家全体に広がったり，見る場所によっては，連続する開口によって，隣の隣の部屋やさらにその向こうの外の風景などを見ることができる。

また，断面に厚みのない壁の開口は，隣の部屋の風景や，庭の梅の木や空を，額縁のように切り取り，遠近感を失った壁に掛かった平坦な絵画や写真のように見える。「梅林の家」では，それぞれの部屋は仕切られながらも，連続的であり，柔らかで曖昧な関係で家全体を構成している。（妹島和世建築設計事務所）——『ディテール』166号，2005年

この住宅の壁は，すべて厚さ16mmの鉄板である。構造としては12mmで十分のところ，ひずみを考えて16mmとした。
（妹島和世建築設計事務所）——『ディテール』166号，2005年

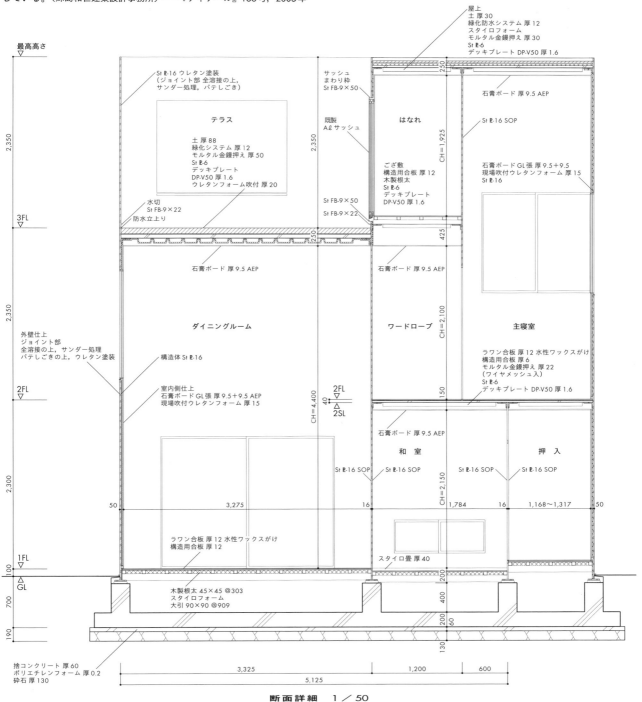

断面詳細　1／50

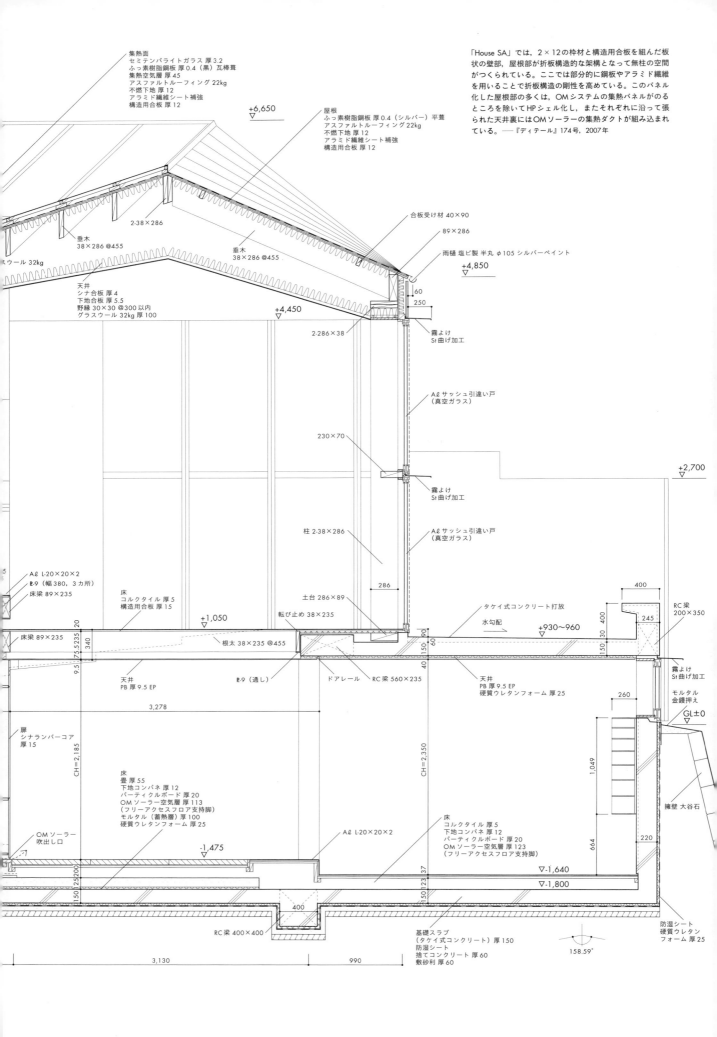

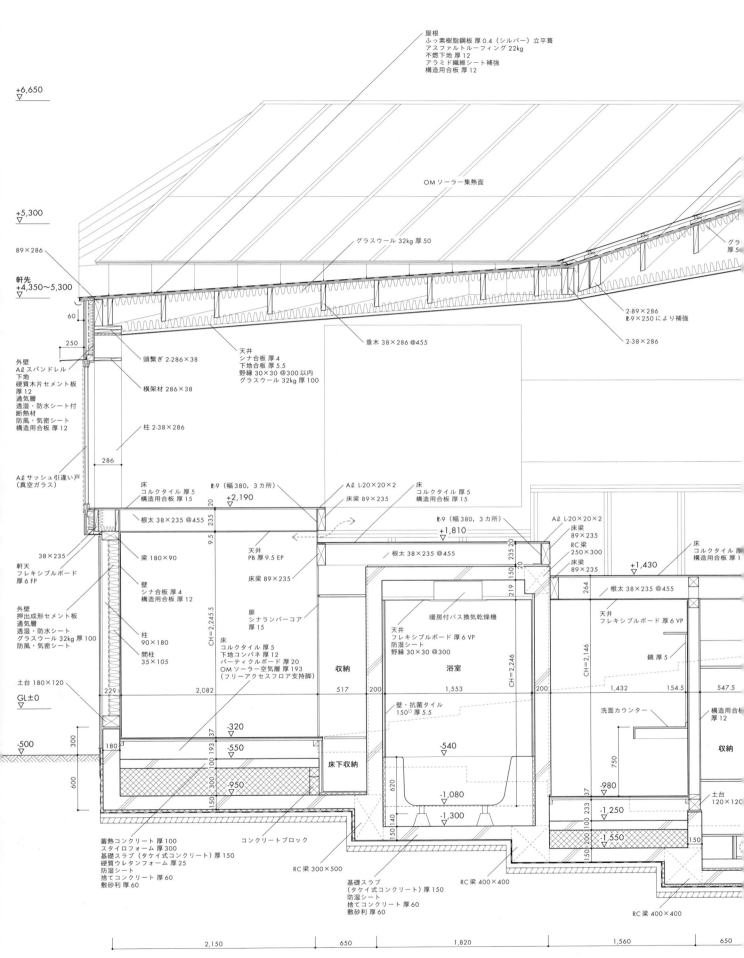

写真提供：妹島和世建築設計事務所

日本の建築ディテール 1964→2014 半世紀の流れのなかで選び抜かれた作品群

2016 年 5 月 10 日　第 1 版　発　行

著作権者と		編　者　株式会社　彰　　国　　社
の協定によ		発行者　下　出　雅　徳
り検印省略		発行所　株式会社　彰　国　社

NSPI
自然科学書協会会員
工学書協会会員

162-0067　東京都新宿区富久町8-21
電話　03-3359-3231(大代表)
振替口座　00160-2-173401

Printed in Japan

© 彰国社　2016 年

印刷：凸版印刷・真興社　製本：誠幸堂

ISBN 978-4-395-32061-5　C3052　http://www.shokokusha.co.jp

本書の内容の一部あるいは全部を、無断で複写（コピー）、複製、および磁気または光記録媒体等への入力を禁止します。許諾については小社あてご照会ください。

本書は、2014 年 4 月に刊行しました『季刊 ディテール』創刊 200 号の記念特集を再録し、新たに単行本としたものです。